AUF DEN PUNKT GEBRACHT

Hans-Günter Rolff

SCHULENTWICKLUNG
auf den Punkt gebracht

Bibliografische Information der Deutschen Nationalbibliothek

Die Deutsche Nationalbibliothek verzeichnet diese Publikation in der Deutschen Nationalbibliografie; detaillierte bibliografische Daten sind im Internet über http://dnb.d-nb.de abrufbar.

In der Reihe „Auf den Punkt gebracht" sind bisher erschienen:

Band 1: Hans-Günter Rolff: Schulleitung auf den Punkt gebracht

Band 2: Kurt Edler: Demokratische Resilienz auf den Punkt gebracht

Band 3: Georg Lind: Moralerziehung auf den Punkt gebracht

Band 4: Elmar Philipp: Leitbildentwicklung auf den Punkt gebracht

Band 5: Dieter Vaupel: Wochenplan auf den Punkt gebracht

Band 6: Gerhard Regenthal: Öffentlichkeitsarbeit für Schulen auf den Punkt gebracht

Band 7: Wolfang Böttcher: Evaluation auf den Punkt gebracht

www.debus-paedagogik.de

www.wochenschau-verlag.de

Programmleitung: Peter E. Kalb
Gesamtherstellung: Wochenschau Verlag

Gedruckt auf chlorfrei gebleichtem Papier
ISBN 978-3-95414-124-1 (Buch)
E-Book ISBN 978-3-95414-125-8 (PDF)

INHALTSVERZEICHNIS

Ohne Schulentwicklung keine Schulreform

Wer die Schule wirklich weiterentwickeln will, braucht Schulentwicklung. Da reichen nicht neue Gesetze, nicht Ministerialerlasse und nicht Schulaufsicht, nicht Weiterverbreitung von Tests und auch nicht guter Wille einzelner Lehrpersonen.

Jeder glaubt, etwas von Schulentwicklung zu verstehen. Man verwendet den Begriff ebenso häufig wie umstandslos und verwechselt ihn dabei nicht selten mit Schulreform. Es ist deshalb hohe Zeit, Schulentwicklung auf den Punkt zu bringen.

Viele Erfolge,
aber auch etliche Kritik

1. SCHULENTWICKLUNG: EINE ERFOLGSGESCHICHTE MIT EINEM BÜNDEL VON KRITIK

Schulentwicklung gibt es in Deutschland als Begriff seit Anfang der 1970er-Jahre und als konkrete Praxis erst seit 1987, als das Landesinstitut für Schule und Weiterbildung in Nordrhein-Westfalen den Bildungsforscher Per Dalin beauftragte, zusammen mit dem Autor dieser Schrift 20 BegleiterInnen für Prozesse der Schulentwicklung (im Folgenden SE) auszubilden und dabei mit zehn Pilotschulen zusammenzuarbeiten. Nach und nach breitete sich SE im gesamten deutschsprachigen Raum aus.

1.1 Erfolgsgeschichte

Auch wenn es von verschiedenen Seiten und Ebenen Kritik und Widerstand gab, kann man von einer Erfolgsgeschichte der SE sprechen.

Ersichtlich ist dies u. a. daran, dass etliche Landesinstitute zu Instituten für SE umbenannt wurden, so das baden-württembergische, bayerische, Hamburger, mecklenburg-vorpommerische, niedersächsische, nordrhein-westfälische, sachsen-anhaltinische und schleswig-holsteinische.

Dass es inzwischen in jedem Bundesland etliche Schulentwicklungsberater bzw. Schulentwicklungsbegleiter gibt, in Nordrhein-Westfalen und Baden-Württemberg sogar Hunderte, ist ebenfalls als Erfolg zu verbuchen.

Zudem wurden an fast der Hälfte aller Universitäten Lehrstühle für Schulentwicklung oder angrenzende Disziplinen wie Qualitätsentwicklung von Schulen eingerichtet (siehe Tab. 1).

Auch sind die Novellierungen fast aller Schulgesetze sämtlicher deutschsprachiger Länder zu erwähnen, in denen Kernkomponenten von SE wie Schulprogramme, Evaluation und Qualitätsmanagement zu Pflichtaufgaben wurden.

Ebenso ist die beachtliche Verbreitung von Steuergruppen in Schulen und Bildungsnetzwerken als Erfolg anzusehen, die zudem für fast alle SE-Projekte Pflichtbestandteil wurden.

Als Erfolg kann wohl auch verbucht werden, dass 1973 das „Institut für Schulentwicklungsforschung", 1980 das „Jahrbuch für Schulentwicklung" und 1992 das „Journal Schulentwicklung" gegründet wurden.

Ebenfalls könnte die bereits mehr als zehn Mal durchgeführte Verleihung eines „Schulentwicklungspreises" an jeweils 40 Schulen bei fast 200 Bewerbungen durch die Unfallkasse Nordrhein-Westfalen zu den Erfolgen gerechnet werden, an dem sich bisher ein Drittel aller Schulen des Bundeslandes beteiligt haben. Auch ist der „Deutsche Schulpreis", bei dem sich in den letzten Jahren etwas mehr als 100 Schulen jährlich bewarben, auf SE fokussiert.

	Anzahl der Hochschullehrer	**Namen und (Hochschulstandorte)**
BW	17	Bauer (PH Ludwigsburg), Deckert-Peaceman (PH Ludwigshafen), Engin (PH Heidelberg), Gleser (PH Karlsruhe), Kansteiner (PH Weingarten), Kotthoff (Freiburg), Kuld (PH Weingarten), Lang-Wojtasik (PH Weingarten), Loebell (HS Stuttgart), Müller (PH Ludwigshafen), Rollet (PH Freiburg), Schäfer-Koch (PH Karlsruhe), Schlemmer (PH Weingarten), Schüßler (PH Ludwigsburg), Sliwka (Heidelberg), Strobel-Eisele (PH Ludwigshafen), Wacker (PH Heidelberg), Weigand (PH Karlsruhe)
BY	8	Grafe (Würzburg), Inckemann (LMU München), Lankes (TU München), Rahm (Bamberg), Schönig (Eichstätt-Ingolstadt), Stöger (Regensburg), Dollinger (KSFH München), Winkler (EVHS Nürnberg)

	Anzahl der Hochschul-lehrer	Namen und (Hochschulstandorte)
BE	1	Thiel (FU Berlin)
BB	1	Lazarides (Potsdam)
HB	1	Carle (Bremen)
HH	2	Killus (Hamburg)
HE	8	Ackermann (Marburg), Asbrand (Frankfurt), Burow (Kassel), Grittner (Kassel), Heinzel (Kassel), Kucharz (Frankfurt), Maaz (Frankfurt), Wissinger (Gießen)
MP	0	
NI	3	Rabenstein (Göttingen), Solzbacher (Osnabrück), Wischer (Osnabrück)
NW	19	Amrhein (Bielefeld), Baumgardt (Siegen), Beutel (Dortmund), Bonsen (Münster), Buhren (Köln), Clausen (Duisburg-Essen), Eickelmann (Paderborn), Fürstenau (Münster), Heinrich (Bielefeld), Holtappels (Dortmund), im Brahm (Bochum), Jürgens (Bielefeld), Pfaff (Duisburg-Essen), Seitz (Paderborn), Timmermann (Bielefeld), Textor (Bielefeld), van Ackeren (Duisburg-Essen), Wiesemann (Siegen), Zeinz (Münster)
RP	3	Drinck (Leipzig), Feldhoff (Mainz), Harring (Mainz), Schiefner-Rohs (Kaiserslautern)
SL	1	Perels (Saarbrücken)
SN	3	Gehrmann (Dresden), Lindemann (Leipzig)
ST	1	Hinz (Halle)
SH	0	
TH	2	Berkemeyer (Jena), Dedering (Erfurt)

Tabelle 1: Bundesland, Anzahl, Name und Standort von ProfessorInnen, die qua Organisation oder Selbstbeschreibung Schulentwicklungsforschung betreiben, September 2016 (Quelle: Berkemeyer, N./Hermstein, B. 2018, S. 25) (leicht aktualisiert)

Zum Erfolg der SE haben zahlreiche Personen aus unterschiedlichen Professionen beigetragen: Erziehungswissenschaft, Sozialpsychologie, Bildungssoziologie, Schulinspektion, Lehrerfortbildung, Beratung und einige weitsichtige Schulräte und Ministerialbeamte. Viele Landesinstitute und etliche Stiftungen haben ebenfalls zum Erfolg von SE beigetragen.

Schließlich gibt es etliche Studien, die Wirkungen der SE belegen, auf Komponenten des Unterrichts und die Schulkultur (z. B. Holtappels u. a. 2008) sowie auf Schülerleistungen (siehe Bryk 2010, Fullan 20s10 oder Berkemeyer u. a. 2015).

SE kommt bei Leitungspersonen offenbar deutlich besser an als bei Lehrpersonen. Das mag auch daran liegen, dass das frühe Motto der SE „Statt ‚ich und meine Klasse (oder mein Fach)' besser ‚Wir und unsere Schule' denken!" (Rolff 1993, S. 189) bei Leitungspersonen quasi schon im Rollenprofil angelegt ist.

1.2 Bündel von Kritik

Bisher ist SE in keinem Bundesland Pflichtcurriculum in der LehrerInnenausbildung geworden, was nicht ausschließt, dass die in Tab. 1 genannten HochschullehrerInnen Veranstaltungen zur SE anbieten. In der zweiten Phase der LehrerInnenausbildung sieht die Lage etwas besser aus: Etliche Bundesländer haben hier SE ins Pflichtcurriculum aufgenommen, allen voran Berlin.

Kritik an SE gab es von Anfang an. Sie bezog sich zunächst auf die Befürchtung eines hohen Zeitaufwands durch mehr LehrerInnenkooperation oder Evaluation. Man bemängelte zudem einen technokratischen Anstrich der SE, die explizit auf dem Konzept der Organisationsentwicklung basierte, von dem fälschlicherweise behauptet wurde, es käme aus der Wirtschaft und sei unpädagogisch. Kritik hatte vermutlich auch eine Wurzel im Bewusstsein etlicher Lehrpersonen, die befürchteten, einen Teil der erheblichen personalen Autonomie durch die mit SE verbundene korporative (Schul-)Autonomie einbüßen zu müssen. Schließlich äußerten etliche Lehrpersonen: Wir wollen Rezepte und keine abstrakten Theorien.

Als Kritik ist wohl auch die Erfahrung anzusehen, dass viele Schulen mit dem größten Entwicklungsbedarf für SE am wenigsten aufgeschlossen waren.

Aktuell ist eine eher grundsätzliche Kritik an SE, die nicht selten von Lehrpersonen kommt, die sich selbst als Schulentwickler verstehen. So konnte ich einer Mail entnehmen:

> *„Zum Artikel zur Schulentwicklung können wir überhaupt nicht einverstanden sein, weil insbesondere der Ansatz des Change Managements insgesamt aufgesetzt und abgehoben wirkt und damit nicht auf mögliche und nötige Entwicklungen im Schulalltag passt. Ich persönlich halte es für sehr bedenklich, KollegInnen, die wirkliche Hilfe benötigen, einen solchen wirklich realitätsfremden <Nonsens> anzubieten. Es macht mich ärgerlich, wenn KollegInnen derartige Ideen als mögliche Orientierung erhalten, konkrete Alltagsprobleme lösen zu können. Was helfen da diese Worthülsen und Abstrakta aus dem Bereich schulwirklichkeitsfremder Theorie?*
>
> *Diese Wirklichkeitsfremdheit und Ferne zum konkreten Alltag und dem eigentlichen Unterrichtsalltag oder zu dem, was machbar ist oder auch nicht, gipfelt in der Darstellung eines Change-Management-Prozesses. Das geht nicht mit einer Art umfassenden und alles übergreifender Dampfwalze, sondern nur mit viel Feingefühl für die am Prozess beteiligten Personen und dem Wissen, wie man mit ebenso viel Feingefühl kooperatives Lernen in Lerngruppen so einführen kann, dass es auch wirklich nachhaltig gelingen und eine wertvolle Rolle im Unterricht spielen kann. Change Management an Schulen sollte, wenn, dann an den Menschen selbst ansetzen, die in Schule tätig sind."*

Zum selben Beitrag schrieb mir ein Programmleiter eines Verlages: *„Was mich bewegt, sind die Menschen ringsum. Es sind ja immer Individuen mit ihren Erfahrungen, Interessen, Kompetenzen (...), die SE und UE voranbringen müssen. Die Organisation wird sich nur durch deren Handeln immer wieder selbst reproduzieren und entwickeln, es müssen die Lehrkräfte usw. doch erst einmal für Neues bzw. die angezielte Veränderung begeistert werden."*

Dem Programmleiter kann ich nur zustimmen: Auf die Menschen kommt es an – v.a. auf den Menschen als Zoon politikon. Handeln ist ohne sozialen Kontext nicht möglich. Dies ist ein dialektischer Zusammenhang, worauf noch zurückzukommen ist.

Meine Antwort auf die erste Mail ist ähnlich, aber komplizierter. Ich habe den Eindruck, dass der Autor nicht verstanden hat, was die Essenz von SE ist, nämlich ganzheitlich zu denken und zu gestalten und nicht vom gesellschaftsfreien Einzelmenschen auszugehen, ihn aber sehr wohl ernst zu nehmen. Das möchte ich in diesem Mikrobuch herausarbeiten, und zwar auf unterschiedlichste Weise: durch Begriffsklärungen, durch Forschungsergebnisse, durch Auswertung eigener Erfahrungen in Dutzenden von Schulentwicklungsbegleitungen und schließlich durch zwei Parabeln.

Die früheste Kritik an SE stammt übrigens aus dem Jahr 1976 und wurde von C.B. Derr unter dem Titel „OD won't work in schools" veröffentlicht, wobei OD für Organization Development steht. Der Vorwurf lautete: Organisationsentwicklung passe deshalb nicht zur Schule, weil diese keine professionelle Organisation sei. Das hat sich inzwischen geändert: Schule ist professioneller geworden.

2. WENN DIE BEGRIFFE NICHT KLAR SIND, IST AUCH DIE SACHE NICHT KLAR

Mehr als die SE selbst ist der Begriff der SE eine Erfolgsgeschichte, allerdings eine fragwürdige. Fast jede Maßnahme der Schulpolitik wird inzwischen Schulentwicklung genannt – sogar Sparmaßnahmen. Deshalb ist es angebracht, die Begriffe zu klären; denn wenn die Begriffe nicht klar sind, ist auch die Sache nicht klar.

2.1 Drei-Wege-Modell

SE ist die Kombination dreier Wege, die als zusammenhängende Prozesse verstanden werden: Organisationsentwicklung (OE), Personalentwicklung (PE) und Unterrichtsentwicklung (UE). Dieses Modell ist in Abb. 1 systematisiert und veranschaulicht. Die Reihenfolge der Prozesse ist nicht vorgegeben, sondern situationsabhängig, ebenso wie der Startpunkt. Die Erläuterung beginnt deshalb bei der Organisationsentwicklung, weil diese historisch der Ausgangspunkt von SE war.

(i) Organisationsentwicklung (OE): Man kann eine Schule nicht alleine weiterentwickeln.

SE geht auf den Ansatz der Organisationsentwicklung (OE) zurück, den Kurt Lewin in den 1940er-Jahren in den USA entworfen und erprobt hat, und zwar von Anfang an im pädagogischen und nicht nur (wie vielfach vermutet wird) im Wirtschaftsbereich. In Deutschland wurde OE Ende der 1970er-Jahre für Schule zum Thema. Es ging dabei pointiert um „geplanten organisatorischen Wandel" (Rolff 1977), der auch Grundlage der Schulleitungsqualifizierungen in Nordrhein-Westfalen wurde.

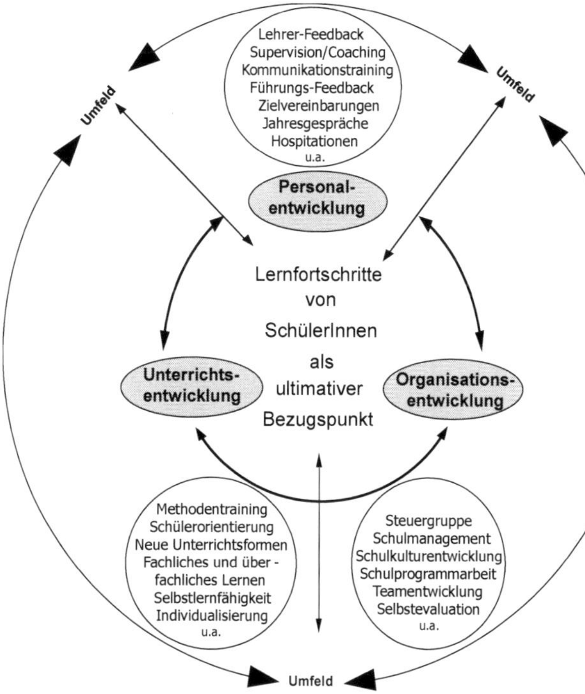

Abbildung 1: Drei-Wege-Modell der SE (Rolff zuerst 1998, S. 305)

Im Prinzip geht es bei OE um die (Weiter-)Entwicklung einer Organisation von innen heraus bei größtmöglicher Beteiligung der Betroffenen (vgl. dazu und zum Folgenden Rolff 1993, S. 153 f.).

OE ist ein offenes, zielorientiertes, planmäßiges Vorgehen im Umgang mit Veränderungsanforderungen und Veränderungsabsichten in sozialen Systemen. Organisationen bestehen aus Mitgliedern; das ist nicht banal, sondern basal. OE ist nicht Technik oder Methodik. In einem OE-Prozess werden wohl viele Techniken und Methoden angewandt, wobei aber die dabei sichtbar werdende Einstellung zum Menschen den Ausschlag gibt und die Glaubwürdigkeit der Motive und Absichten begründet.

OE will die technischen und menschlichen Aspekte eines sozialen Systems integrieren, respektiert aber gleichzeitig deren je eigene Gesetzmäßigkeiten. Sie betrachtet die Bedürfnisse der Organisation und deren Mitglieder als gleichberechtigt.

OE schafft gezielt Lernsituationen im Alltag für Personen, Gruppen und das gesamte System. OE beginnt bei den Problemen des Alltags oder bei den Stärken aller Beteiligten. Die gemeinsame Situationsanalyse und die Zielklärung bilden die Grundlage für den Entwicklungsprozess. OE versucht, Gemeinsamkeiten herauszufinden und Konsens zu vergrößern. Der bewusste Umgang mit Konflikten wird als wesentlicher Aspekt von Lernprozessen gesehen. OE integriert Analyse-, Entscheidungs-, psychosoziale und inhaltliche Lernprozesse. OE versucht eine Einheit von Inhalt und Verfahren. OE orientiert sich am Bild des mündigen und an Lernen interessierten Menschen.

Auf Schule bezogen bedeutet OE, nicht nur *in*, sondern auch *an* der Schule zu arbeiten, an der Festigung des Erreichten wie an der Weiterentwicklung.

Denn auch die beste Schule muss weiterentwickelt werden, schlicht weil sich die Gesellschaft entwickelt, und zwar in einem rasanten Tempo.

Abbildung. 2: ZEIS-Zirkel

Organisationsentwicklung (vgl. French/Bell 1977, Baumgartner u. a. 1988 oder König/Volmer 2018) und ebenso SE entwickeln sich in Phasen, die Initiation, Implementation und Institutionalisierung genannt werden. Konkret geht es um einen Prozess, ZEIS-Spirale genannt (siehe Abb. 2), der einen vielfach wiederholten Durchgang veranschaulicht.

Nach einem Zieldurchgang sollte bilanziert bzw. evaluiert werden, was dabei herausgekommen ist. Sind die Ziele erreicht, gilt es, das Erreichte zu sichern; sind sie nicht erreicht, wären sie zu revidieren bzw. neue Ziele zu vereinbaren.

(ii) Personalentwicklung: Wenn man die Schule weiterentwickeln will, muss man sich auch selbst weiterentwickeln.

Organisationen sind Interaktionszusammenhänge konkreter Menschen, und Schulen sind in besonderem Maße personengetragene Einrichtungen. Der pädagogische Prozess ist im Kern ein zwischenmenschlicher, er beruht auf persönlicher Begegnung. Insofern ist es keine Phrase, wenn Schulpsychologen immer wieder betonen, dass im Mittelpunkt der Schule lebendige Menschen stehen, die Schülerinnen und Schüler sowie die Lehrpersonen.

Personalentwicklung meint ein Gesamtkonzept, das Personalfortbildung, Personalführung und Personalförderung umfasst (vgl. dazu Buhren/Rolff 2009). Schulische Personalentwicklung impliziert wegen der überragenden Bedeutung von Personen im pädagogischen Prozess auch Persönlichkeitsentwicklung, aber nicht Therapie und bezieht sich auch nicht auf die Privatperson, sondern auf Professionalisierung.

Das sind wichtige Hinweise. SE würde missverstanden, wenn man sie auf Methoden und Projekte reduzierte, denn SE ist, wie bereits festgestellt, nicht Technik oder Methodik. Diese werden wohl angewendet, den Ausschlag gibt aber die dabei sichtbar werdende Einstellung zum Menschen. Schulentwickler wären keine, wenn sie die Menschen, mit denen sie arbeiten, nicht akzeptieren, respektieren, ja sogar mögen würden. „Kritischer Freund“ ist eine Metapher, die in diesem Zusammenhang gern benutzt wird.

Doch die Personenorientierung hat Grenzen. In einem Kollegium mit 30 bis über 100 Mitgliedern kann man schwerlich den von Schulpsychologen geforderten Zugang zur Subjektivität suchen, wie sie familiengeschichtlich und biografisch in Auseinandersetzung mit den zeitgeschichtlichen Anforderungen entstanden ist. In Einzelfällen mag das erwünscht, notwendig und auch realisierbar sein – in Form von Coaching oder Supervision, wobei die Verbindung zur Supervision ohnehin zum Konzept der SE gehört. Eine Zusammenarbeit mit Schulpsychologen ist gerade in diesem Bereich nötig, möglich und auch erwünscht.

Fraglos sollten Schulentwicklungsprojekte die Beteiligten als Subjekte verstehen und ihnen wirkliche Lernchancen geben, die sich nicht nur auf die fachliche, sondern ebenso auf die personale Kompetenz beziehen. Aber es gibt auch Situationen, in denen Personalentwicklung am besten über die Sachebene, z. B. über Projekte oder Steuergruppenarbeit erreicht wird, also über solche Projekte, die wenig mit Lernblockaden durch Ängste und Scham zu tun haben.

(iii) Unterrichtsentwicklung: Auch guter Unterricht muss weiter entwickelt werden.

Die Brennpunkte der Unterrichtsentwicklung (UE) sind in Bewegung: Digitalunterstütztes Lernen ist ein großes Thema, weil es die unterschiedlichsten Formen von Unterricht betrifft, auch außerschulisches Lernen. Die Komposition der Schülerschaft wird immer heterogener. Eine konsequente Realisierung von Inklusion betrifft den Unterricht insgesamt, auch die Werte und Haltungen der Unterrichtenden, zu deren Rolle zunehmend Lernbegleitung gehört. Deshalb ist der Unterricht insgesamt in Bewegung, auch die Weiterentwicklung guten Unterrichts.

Weltweit sind zwei Megatrends der UE zu beobachten, die durch die PISA- Studien belegt sind und bekannt wurden. Der erste könnte überschrieben werden mit

a) Vom **Lehren** zum **Lernen** (Teaching for Learning)

b) Der zweite Megatrend führt von **Stoffen** zu **Kompetenzen**

Zusammenfassend (vgl. Rolff 2015) kann UE als ein dreifacher Dreiklang begriffen werden (Abb. 3)

Unterrichtsentwicklung ist systematisch (zielorientiert, projektförmig), teamförmig (kooperativ, arbeitsteilig) und schulweit.
Sie umfasst Fachwissen, Fachdidaktik und Allgemeine Didaktik (Lerndesign)
Hinzu kommen Lernorientierung (Sicherung und Verbesserung der Lernchancen als Fokus), Reflexion (der Unterrichtspraxis von Schülern und Lehrkräften) sowie Arbeit an Haltungen und Werten.

Abbildung 3: Dreimal Drei der Unterrichtsentwicklung

Insgesamt ergibt sich ein Drei-Wege-Modell der SE, auch Drei-Prozesse-Modell genannt, wie es in Abbildung 1 dargestellt wird.

2.2 Einzelschule als Ausgangsperspektive im Drei-Ebenen-Modell

SE geht von der Einzelschule aus. Die Einzelschule ist die pädagogische Gestaltungseinheit, wie Fend (Fend 1986) sie genannt hat.

SE ist ein Lernprozess. Es geht dabei letztlich um die Einführung einer neuen Praxis durch Erfinden, Erproben oder Erneuern. Das kann für alle Schulen aller Schulformen gelten, sieht aber in jeder einzelnen Schule etwas anders aus. Deshalb läuft jeder SE-Prozess situationsbezogen anders. Das ist der eine Grund, warum SE von der Einzelschule ausgehen muss im Sinne von „aus der Sicht der Einzelschulen gedacht werden". Der zweite Grund ist, dass SE auch Entwicklung von Haltungen, Einsichten, also von Persönlichkeitsmerkmalen ist, die nicht schnurstracks angeordnet werden können. Also können und müssen Lernprozesse ermöglicht werden, die von Bedürfnissen der Menschen und von Funktionen am Arbeitsplatz ausgehen und in denen die Akteure dabei Gelegenheiten bekommen, neue Einsichten zu gewinnen, ein anderes Verhalten zu zeigen, Neues wahrzunehmen, alte Routinen aufzugeben oder neue zu schaffen.

Die Kopplung zwischen Einzelschulen und Gesamtsystem ist zu klären. Denn SE muss nicht nur von der Einzelschule her gedacht, sondern auch von der Struktur des Gesamtsystems her konzipiert werden. Das verweist auf ein dialektisches Verhältnis.

Zunächst ist SE alltäglich und es hat sie immer schon gegeben, weil Schulen darauf reagieren müssen, dass sich die Umweltbedingungen ändern. Das Begriffsverständnis von professioneller SE muss sich von dieser alltäglichen Entwicklung abgrenzen. Dazu können drei Ebenen unterschieden werden:

(i) SE ist die bewusste und systematische Weiterentwicklung von Einzelschulen. Man könnte diese häufig vorkommende Form von SE intentionale SE oder SE erster Ordnung nennen.

(ii) SE zielt darauf ab, Lernende Schulen zu schaffen, die sich selbst organisieren, reflektieren und steuern. Dies könnte man als SE zweiter Ordnung oder institutionelle SE bezeichnen.

(iii) Die Entwicklung von Einzelschulen setzt eine Gestaltung und Steuerung des Gesamtzusammenhangs durch Politik und Behörden voraus, welche die Rahmenbedingungen festlegt, die einzelnen Schulen bei ihrer Entwicklung nachdrücklich ermuntert und unterstützt, die Selbstkoordinierung anregt und ein Evaluationssystem. Dies könnte man als Schulentwicklung dritter Ordnung oder als komplexe SE begreifen.

Lehrpersonen mögen sich eher auf der ersten Ebene, Leitungen auf der zweiten und Politiker sowie Behörden auf der dritten Ebene engagieren. Schulentwicklungsforschung muss alle drei gleich wichtig nehmen.

2.3 Horizontale Schulentwicklung

SE wird zunehmend in Netzwerken betrieben und Netzwerke finden ihre Basis in überregionalen, regionalen und kommunalen Bildungslandschaften. SE ist in vielen Schulen zum Alltag geworden. Am Anfang war sie fast gleichbedeutend mit der OE einer Einzelschulschule. Etwas später, etwa um 2000, fokussierte sich SE auf UE. In den letzten Jahren mutierte sie zur Entwicklung von Schul- und Bildungslandschaften.

Die jüngste Erscheinungsform sucht noch ihren Begriff: Vieles spricht für „Horizontale Schulentwicklung“ (vgl. Brühlmann/Rolff 2015). Diesen Begriff könnte man umstandslos in die deutschsprachige Diskussion integrieren, es findet sich noch keine Definition bei Google oder Wikipedia. Horizontale SE bezeichnet des ungeachtet etliche bereits laufende einschlägige SE-Aktivitäten treffend, vor allem die regionalen Netzwerke (vgl. Berkemeyer 2009).

Horizontale SE ist weder Top-down noch Bottom-up konzipiert. Sie versucht vielmehr, die daraus resultierenden Widersprüche im dialektischen Sinne „aufzuheben“. Top-down dient weiterhin der Sicherung der Rahmenbedingungen hinsichtlich der Lehrerbildung, des Curriculums und der Ressourcen. Schulen entwickeln sich nicht rein Bottom-up, wohl aber in Netzwerkverbünden (Berkemeyer 2009).

Plausibel für die Zukunft der SE ist vermutlich ein horizontaler Transfer von Erfahrungen, Projekten und Prototypen, die weder primär Top-down noch vornehmlich Buttom-up konzipiert sind und auch nicht auf einer Kombination von beidem gründen, sondern auf unterschiedlichen Formen moderierter Gestaltung und Steuerung horizontaler Kooperationen beruhen, welche auf freiwilliger Basis entstehen und durch Kontrakte auf Augenhöhe institutionalisiert sind.

Besonders relevant für die SE sind die Netzwerke, die unter Einbeziehung des Staates regional durch die kommunalen Schulträger, die Jugendhilfe und die Arbeitsagenturen getragen und von zivilgesellschaftlichen Organisationen (Stiftungen, Sportbund, Handwerkskammern usw.) unterstützt werden. Exemplarisch stehen dafür die „Regionalen Bildungsnetzwerke“ in Nordrhein-Westfalen, die als staatlich-kommunale Verantwortungsgemeinschaften mit zivilgesellschaftlicher Unterstützung den Schulen helfen, sich weiterzuentwickeln und mit den anderen Bildungsträgern in der Region zu vernetzen (s. Rolff 2019).

3. ZIELE DER SCHULENTWICKLUNG

Wer keine Ziele hat, kann auch keine Wege finden. SE braucht Ziele und kennt etliche Möglichkeiten des Umgangs damit: Schulen sollen behördlich gesetzte Ziel übernehmen, diese müssen aber situationsbezogen interpretiert werden. Schulen können auch selbst Ziele setzen und diese auf der Grundlage von Diagnosen herleiten. Daraus wiederum können Prioritätenentscheidungen begründet werden: Man kann entweder entscheiden, vorhandene Stärken auszubauen oder leere Felder zu füllen, also Neues zu beginnen, oder beides tun, was zu einer Doppelstrategie führt.

Nur wer klare Ziele hat, weiß, was er erreichen will, und kann evaluieren, was erreicht wurde und was nicht. Zielführendes Handeln ist also der Ausgangspunkt von Entwicklungsvorhaben.

Auch Zielvereinbarungen z. B. zwischen Schulleitung und Schulaufsicht oder auch zwischen Schulleitung und Fachgruppen gehören zum zielgeführten Handeln. Die Ziele formen und akzentuieren das Handeln der Schulleitung, der Steuergruppe sowie der Fachkonferenzen und der Jahrgangsteams. Letztere realisieren die UE und diese ist nur effektiv, wenn Fach für Fach Halbjahres- bzw. Jahresziele festgelegt werden.

Zu viele Ziele überfordern indes jede SE. Es geht schließlich nicht um die vielen Routinen, die im Lehrplan festgeschrieben werden, sondern um besondere Akzente, die gesetzt werden sollen, wie z. B. das Lernen lernen in der Jahrgangsgruppe 5 oder eine neue Aufgabenkultur in der Fachkonferenz Mathematik.

Eine Schule sollte nicht mehr als zwei bis vier „Big Goals" haben, die in Kapitel 5 näher behandelt werden. Dennoch hat SE manchmal 2o Ziele. Wie kann das aufgehen, was wie ein Widerspruch aussieht? Es könnte in jeder Fachgruppe ein oder zwei Jahres- oder Halbjahresziele geben und weitere drei bis vier für die fachübergreifenden Angelegenheiten sowie zwei oder drei Jahresziele oder auch Strategische Ziele für die ganze Schule. So kommen leicht 20 Ziele zusammen.

Der erwähnte Widerspruch wird aufgelöst, wenn die Ziele kohärent sind, also zueinander passen (Kohärenz), und wenn sie auf einer Linie liegen (Alignment). Kohärenz (Fullan 2012) und Alignment (Kaplan/Norton 2010) sind die beiden Leitprinzipien zur Organisation und Ordnung von Zielsystemen. Sie kombinieren Vielfalt mit einem richtungweisenden Entwicklungspfad.

Vor allem müssen die Schulen in der Lage sein, ihre operativen Ziele selber so zu formulieren, dass sie überprüfbar sind. Dazu eignen sich insbesondere Indikatoren, deren Konstruktion ein wenig Training verlangt, die dann aber leicht vorgenommen werden kann.

Zielorientierung ist der Fokus und nicht selten auch der Ausgangspunkt von SE. Aber Ziele dürfen nicht übergestülpt werden. Bei vorgegebenen Zielen bleibt immer ein Interpretationsspielraum. Bei den selbst gesetzten Zielen sind die Personen ohnehin motiviert, das Ziel zu erreichen. Hier müssen die Betroffenen mit einbezogen werden.

3.1 Ziel-Typologie

Ein Ziel ist ein in der Zukunft liegender, angestrebter Zustand, der eindeutig beschrieben ist. Oder kurz: Ziele sind vorausgedachte Ergebnisse einer Handlung. Ziele geben die Richtung einer Handlung vor und sind die Basis der Motivation, sofern sich der Handelnde dafür entschieden hat und sich damit identifiziert. Damit stellen sie den Bezugspunkt für Leistung, Ergebniskontrolle und Leistungsmotivation dar und geben Orientierung für Leitung und Kollegium.

Hier ist auf eine wichtige Unterscheidung aufmerksam zu machen; denn Ziele sind erwünschte Ergebnisse und dürfen schon deshalb nicht mit Maßnahmen verwechselt werden. Ein Ziel drückt aus, was angestrebt wird. Der Weg zur Zielerreichung, das Wie, soll weitestgehend den Lehrkräften oder dem Team überlassen bleiben.

Man kann versuchen, die Vielfalt von Zielen zu ordnen, indem man Metaziele, strategische und operative Ziele unterscheidet. Die Metaziele bezeichnen die allgemeinen Orientierungen, vergleichbar mit den „Big Goals“, die in Kapitel 5 ausführlicher behandelt werden. Für die SE können zwei Metaziele aus den PISA- Studien und weiteren Large scale assessments hergeleitet werden, um besseres Lernen zu ermöglichen, Ungleichheit der Bildungschancen zu mindern und aus Sicht der Schulentwicklungsforschung für jede Schule eine „Kapazität für Wandel“ (Fullan 2012) zu etablieren (s. Kapitel 6). Bei den Strategischen Zielen geht es um Richtwerte für die Schulgestaltung in den nächsten drei bis fünf Jahren. Die operativen Ziele lenken das Jahresgeschehen.

Am Kopf des Zielsystems steht die Mission einer Schule. Sie drückt sozusagen die Daseinsberechtigung einer Schule in Form ganz weniger, aber in die Tiefe gehender Sätze aus. „Wir sind eine Schule der Qualifizierung von Jugendlichen für zukunftssichere Berufe und bemühen uns dabei, hohen Ansprüchen zu genügen und niemanden aufzugeben.“

Leitbilder formulieren das gemeinsame pädagogische Selbstverständnis einer Schule und suchen den gemeinsamen Grund dafür, dass sich eine ganze Schulgemeinde versammelt hat (vgl. Philipp/Rolff 1998).

Strategische Ziele sind die drei oder vier wichtigsten Zielvorstellungen einer Schule für die Weiterentwicklung in den nächsten drei bis fünf Jahren. Von besonderem Belang sind die unterrichtsbezogenen Ziele. Wo ein Qualitätsrahmen der Behörde vorliegt (und das ist in fast allen Ländern der Fall), sollten die unterrichtsbezogenen Ziele von der Einzelschule in diesem Rahmen gesucht und kollegiumsweit vereinbart und interpretiert werden. Das schließt nicht aus, dass sich die einzelne Schule noch ein oder zwei eigene Ziele setzt, die ihr besonderes Profil ausmachen.

Strategische Ziele stellen so etwas wie die Leitziele der operativen Ziele dar.

Dazu gehören Zielvereinbarungen. Zielvereinbarungen sind von Leitungskräften und Mitarbeitern gemeinsam geklärt und übereinstimmend festgelegt. Sie stellen ein Arbeitsbündnis dar.

Von der Zielvereinbarung ist die Zielvorgabe strikt zu unterscheiden. Zielvorgaben sind ein Instrument der Schulpolitik und Schulbehörden, bei deren Festlegung die MitarbeiterInnen nicht einbezogen werden. Dies ist legitim etwa bei Lehrplanvorgaben.

Es können drei Kategorien von weiteren operativen Zielen unterschieden werden.

Erstens Einzelarbeitsziele, die sich auf die täglichen Arbeitsbeziehungen und das Aufgabenverständnis von einzelnen Lehrkräften beziehen.

Zweitens Systemziele, die Gruppen oder Einzelpersonen betreffen, aber auch Entwicklungsziele der gesamten Schule oder deren Teilbereiche tangieren.

Drittens persönliche Entwicklungsziele, die der individuellen Förderung der Lehrkräfte dienen. Zielvereinbarungen dienen sowohl der Entwicklung der einzelnen Lehrperson als auch auf längere Sicht der Gesamtsituation. Denn wenn sich die Professionalität der individuellen Lehrpersonen verbessert und ihre Mitwirkung bei der Schulentwicklung zunimmt, verbessert sich auch die Qualität der Schule.

Ziele, die auf mehrere Ebenen verteilt sind, kann man nicht voneinander ableiten, also nicht hierarchisch deduzieren, sondern nur voneinander herleiten. Wichtig ist nicht, dass die Ziele wie Zahnräder reibungslos ineinandergreifen, sondern dass sie kohärent sind und auf einer Entwicklungslinie liegen.

3.2 Ziele über die Mittel klären

Die entscheidende Frage ist, wie man von üblicherweise recht allgemein gehaltenen Zielklärungen zu konkreten und vor allem verbindlichen operativen Zielen kommt. Die Antwort war von Anfang an, die Ziele über die Mittel klären (Dalin/Rolff 1990, S. 125 ff.): Um diese Antwort plausibel zu machen, lohnt es sich, kurz das Verhältnis von Zielen und Mitteln zu verdeutlichen.

Das klassische Bürokratiemodell von Organisationen trennt Ziele und Mittel strikt voneinander; aus der Sicht von SE sind sie eine Einheit. Ziele können Mittel sein und Mittel Ziele.

Ein Beispiel dafür ist Kooperatives Lernen. Kooperation kann Ziel sein, sogar ein hohes und erhabenes, ein Wert an sich. Es kann aber auch als Mittel verstanden werden, als Mittel der Modernisierung der Didaktik. Das Ziel ist manchmal auch der Zweck und ein Zweck heiligt nicht die Mittel, z. B. nicht die Prügelstrafe. Außerdem kann Mitteleinsatz Nebenfolgen haben, die unerwünscht sind oder sogar die Zielsetzung konterkarieren.

Von daher ist SE bemüht, von Anfang an die ganze Breite der Mittel zu „ermitteln", die der Zielerreichung dienen könnten, und darüber hinaus die Nebenfolgen abzuschätzen. Der Gesamtzusammenhang von Zweck-Mittel-Nebenfolgen- Relationen hat Streeten (Streeten 1965, S. 223) Programme genannt.

Bezugspunkt von Programmen im Rahmen von SE sind konkrete Vorhaben, die sich an folgenden Kriterien orientieren:

- Sie werden im gegenseitigen Einverständnis ausgehandelt,
- sie beschränken sich auf das tatsächlich Machbare und
- sie werden durch Evaluation begleitet und nach einem vereinbarten Zeitpunkt abschließend evaluiert.

Es gehört zur SE, dass die Ziele so konkret wie möglich formuliert werden und die Realisierung von der Schule (mit absehbarer Unterstützung) selbst erreicht werden kann. Zu hehre Ziele führen bei Nichterfüllung zu unnötigen Frustrationen.

SE setzt schließlich darauf, dass Ziele und erst recht Zielvereinbarungen schriftlich festgehalten werden. Die Schriftform zwingt zu Klarheit, dient der Erinnerung und schafft ein Stück Verbindlichkeit.

4. CHANGE MANAGEMENT ALS ZUKUNFT DER SCHULENTWICKLUNG?

OE und damit auch SE kann – wie in Kapitel 2 auch geschehen – bündig definiert werden als die Entwicklung einer Organisation von innen heraus, also durch ihre Mitglieder und häufig mit der Hilfe von Begleitern oder Beratern. OE hat sich selber weiterentwickelt zum Change Management (CM). Dieses kann sich beziehen auf kontinuierlichen und auf disruptiven Wandel.

Obwohl CM etwas komplex und kompliziert anmutet, ist es das drittmeist benutzte „Management-Tool" in Deutschland, und die damit eng verwandte Strategische Planung sogar das zweitmeiste. Daraus kann man folgern, dass CM durchaus aufwendig ist, aber offenbar auch unentbehrlich – zumindest in Wirtschaft und Dienstleistung (Domke 2018, S. 12).

4.1 Kontinuierlicher Wandel

CM unterscheidet sich von OE im Wesentlichen durch drei Merkmale: durch konsequentes Zusammenwirken aller Komponenten und Projekte, durch die Betonung von Führung sowie durch den Einbezug von systematischer Evaluation. Diese Merkmale kamen gelegentlich auch bei OE-Prozessen vor und kontinuierlich waren diese Prozesse nur selten. Aber systematisch wurden die Merkmale und abrupte Diskontinuität erst im CM virulent.

Die Bedeutung des Zusammenwirkens kann an den Schulen des PISA-„Siegerlandes" Finnland veranschaulicht werden. Man kann belegen, dass die finnischen Schulen nichts machen, was deutsche Schulen nicht auch täten, aber dennoch bei PISA deutlich besser abschneiden. Beispielsweise sind UE, Hospitation und

Schülerfeedback in Finnland stark verbreitet. Das gibt es in Deutschland ebenso, wenngleich weniger häufig. Aber in Deutschland laufen sie parallel und unverbunden, in Finnland indes wird Hospitation strikt auf UE bezogen und durch Schüler-Lehrer-Feedback begleitet: Im Zusammenwirken liegt die Wirkung.

Schulleitungen (SL) spielen auch bei der OE eine Rolle, aber keine besondere; beim CM jedoch sind sie zentral („Keine gute Schule ohne gute Schulleitung"). Sie müssen sich beim CM als Führungspersonen verstehen, strategisch denken und handeln sowie ein Evaluationskonzept im Kopf haben. Sie sollten eine Binnenstruktur, auch Innenarchitektur genannt, aufbauen und ein Mittleres Management etablieren. CM ist ein komplexes und anspruchsvolles Verfahren und deshalb vor allem für Personen attraktiv und nachvollziehbar, die sich stark mit ihrer Schule identifizieren, etwa in der Kategorie „Wir und unsere Schule" denken.

SL sind zudem für die Gestaltung einer Evaluationskultur verantwortlich. Dazu gehören klare Ziele und das systematische Sammeln und Analysieren von Daten/Informationen, um an Kriterien orientierte Bewertungsurteile zu ermöglichen, die begründet und nachvollziehbar sind. Evaluation ist im Rahmen von CM ein wesentlicher Ausgangs- und Kontrollpunkt für Gestaltungsvorschläge. Es geht u. a. darum, eigene Daten zu erheben für die interne Evaluation, und um Nutzung der Daten der externen Evaluation. Auch der Aufbau einer Feedbackkultur gehört dazu.

Erste Phase: Gemeinsame Diagnose

Für OE gilt: Keine Maßnahme ohne vorherige Diagnose, die eine gemeinsame ist, wenn die Betroffenen beteiligt sind. Das gilt auch für CM. Deshalb gehört es zu CM-Prozessen, Bestandsanalysen durchzuführen und vor diesem Hintergrund Prioritäten für den Wandel herzuleiten und situationsspezifische Maßnahmen durchzuführen, z. B. die Entwicklung von Schulprogrammen und Erziehungskonzepten, Qualitätsmanagement oder UE. Wenn die Ausgangssituation nicht geklärt ist, drohen Ziellosigkeit und Diffusität. Zielklärung und Prioritätensetzung sind strategische Entscheidungen, die Ausgangspunkt der zweiten Phase des CM sind. Eine gemeinsame Diagnose sollte auch durchgeführt werden, wenn es z. B. Zielvorgaben aus den Behörden oder von Sponsoren gibt oder eine Zielvereinbarung mit der Schulaufsicht getroffen ist. Dies ist u. a. deshalb sinnvoll, weil vorausgesetzte Ziele situationsspezifisch konkretisiert werden müssen, bevor es an die Realisierung geht.

Zweite Phase: Entwurf künftiger Entwicklungsfahrpläne

Wenn die gemeinsame Diagnose vorliegt und Ziele und Prioritäten klar sind (aber auch, wenn man sich zwischen mehreren Prioritäten nicht entscheiden kann), schlägt die Stunde des CM, also der Gestaltung der Zukunft „unserer" Schule. Davon abgesehen ist CM nützlich bei einer Vielzahl anderer Gestaltungs- und Entwicklungsvorhaben, z. B. zur Zukunft von Schulinspektion oder Unterstützungssystemen. Beim Verständnis des CM ist das sog. St. Galler-Management-Modell besonders hilfreich (vgl. die Letztfassung in Rüegg-Stürm/Grand 2017).

Komponenten des CM

Das St. Galler Modell unterscheidet drei Grundkomponenten, die Strategie, Struktur und Kultur genannt werden, was eine zeitliche Reihenfolge suggeriert, ohne diese zwingend machen zu wollen. Sinnvoll ist es, eine vierte Grundkomponente hinzuzufügen, nämlich die Gestaltung und Steuerung des CM. Diese vierte Komponente erlaubt, die Gestaltungs- und Steuerungsrolle der Schulleitung klarer zu bestimmen und zudem die Arbeit von Steuergruppen besser zu positionieren, die bei den meisten Innovationsprojekten der Schulentwicklung eingerichtet wurden.

Wesentlich für ein ganzheitliches System von CM ist, dass es alle vier Komponenten umfasst: (i) Strategie, (ii) Struktur, (iii) Kultur und (iv) Steuerung. Kein Element ist verzichtbar und alle hängen zusammen und bilden eine systematische Konfiguration. Derart ganzheitliches CM wird systemisches oder auch holistisches CM genannt. Es lässt sich in Form eines Diagnose-Kreuzes darstellen, das auch die Verbindung von Diagnose und Maßnahmen zeigt (vgl. Abb. 4).

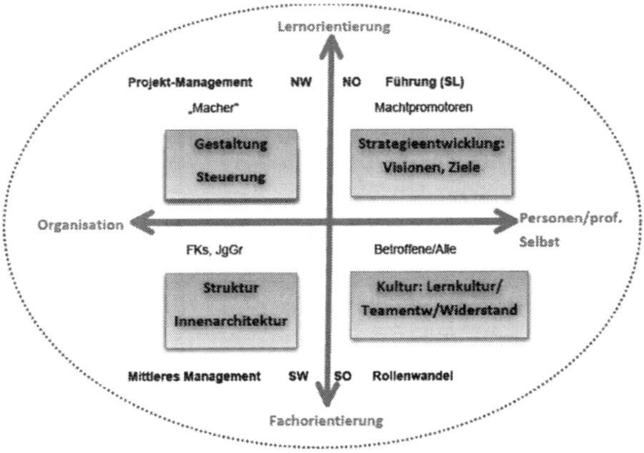

Abbildung 4: Vier Komponenten des Change Management (NW = Nordwest usw.)

Bei schulweiten anspruchsvollen Entwicklungsmaßnahmen des CM, z. B. bei UE oder Leitbildentwicklung wird üblicher- und sinnvollerweise mit dem Entwurf einer **Strategie** begonnen, für die in erster Linie die Schulleitung zuständig ist. Sie trägt nicht nur die Letztverantwortung, sie hat auch die Entscheidungskompetenz, weshalb sie zu den Promotoren gehört. Promotor sind auch die Schulkonferenz und die Behörden.

Erster Schritt: Strategieentwicklung

Wie bereits dargelegt, könnte und sollte die Strategie aus einer Bestandsanalyse in Form einer gemeinsamen Diagnose hergeleitet werden (nicht abgeleitet, das wäre zu mechanisch). Die Strategie muss Vorgaben der Behörde und/oder des Gesetzgebers berücksichtigen. Nicht zuletzt ist zu bedenken, inwieweit in Strategien auch Visionen eingehen bzw. eingehen sollten, wie sie z. B. im Leitbild der Schule enthalten sind oder aus den Diskussionen in den Fächern oder auch mit den Eltern entspringen. Auch könnte die Durchführung einer Zukunftswerkstatt sowohl bei der Diagnose als auch bei der Einbeziehung von Visionen von Nutzen sein.

Die Strategieentwicklung sollte jeweils im passenden Quadranten platziert werden. Ein Beispiel für CM ist, eine schulweite UE nach dem Konzept des Kooperativen Lernens (KL) zu etablieren, die mit kollegialer Hospitation beginnt und danach durch ein Schüler-Lehrer-Feedback ergänzt wird. Diese Strategie startet im NO-Quadranten des Diagnose-, jetzt CM-Kreuzes, weil die gewählte Form des KL überwiegend lernorientiert ist und viel mit der Entwicklung des professionellen Selbst der Lehrpersonen zu tun hat. Nach diesem ersten Schritt sind die nächsten Schritte an keine vorweg definierte Reihenfolge gebunden; die Reihenfolge wird von der Ausgangssituation in der Schule bestimmt (z. B.: Wie viel Erfahrung hat diese Schule bereits mit Hospitation?).

Zur Strategieentwicklung gehören (nicht nur bei diesem Beispiel) die Elemente, die in Abb. 4 aufgelistet sind. Bei unterschiedlichen Entwicklungsschwerpunkten wird es unterschiedliche Konkretisierungen geben. Diese entstehen in Gruppenarbeit und sind zunächst einmal vorläufig. Sie werden später präzisiert, vielleicht auch verändert, je nachdem, wie der CM-Prozess verläuft. Denn man kann nicht häufig genug betonen: CM ist ein offener Prozess, der professionell gesteuert wird.

Weitere Schritte

Für die Ausgestaltung der Strategie und für die **Steuerung** der Umsetzung hat sich die Einrichtung einer Steuergruppe bewährt (auch Schulentwicklungsgruppe, Spurgruppe oder Impulsgruppe genannt). Da es in diesem Beispiel zunächst nicht um Fachunterricht, sondern um fachübergreifendes Kooperatives Lernen geht, wird die Steuergruppe im NW-Sektor platziert und entsprechend fachübergreifend zusammengesetzt. Die Steuergruppe gestaltet und steuert den CM-Prozess. Sie erarbeitet Vorlagen, über die SL und gegebenenfalls die Schulkonferenz entscheidet. Die Steuergruppe ist autonom bei Entscheidungen der Prozessgestaltung und zusammen mit der Schulleitung der Adressat für die Arbeit von Schulentwicklungsbegleitern.

Hat die Steuergruppe, die in diesem Fall als UE-Gruppe arbeitet, ein Konzept für die Gestaltung eines weiterentwickelten Unterrichts entworfen, muss eine **Struktur** gefunden bzw. geschaffen werden, die eine nachhaltige Umsetzung trägt. Bei lernbezogener UE bieten sich dafür Jahrgangs- oder Stufenkonferenzen an, bei fachbezogener UE die Fachkonferenzen (in Berufsschulen auch die Bildungsgangkonferenzen). Wenn Nachhaltigkeit erzielt werden soll, müssen sich die Sprecher bzw. Vorsitzenden dieser Gremien zu Mittleren Managern weiterqualifizieren. Neue Gremien einzurichten empfiehlt sich nicht, weil dadurch die bestehenden veröden würden und zudem Doppelstrukturen entstehen könnten.

Die vierte Komponente bezieht sich auf **Kultur**, in diesem Fall auf die Lernkultur und auf den Umgang mit Widerstand, der bei neuen Lernformen, die Haltungsänderungen implizieren, zu erwarten ist. Entwicklungsperspektive für alle der genannten Gremien wären Professionelle Lerngemeinschaften (PLGs), in denen Lehrer mit Lehrern über die eigene (bewährte oder fragwürdige) Praxis reflektieren, wo man voneinander lernt, wie Ziele vereinbart werden oder wie man neue Formen des Unterrichts erproben kann. Auch Coaching und ein regelmäßiger Austausch über die Feedbackpraxis gehört zur Arbeit von PLGs (vgl. Rolff 2007). Struktur und Kultur müssen in diesem Beispiel noch ihren Quadranten finden. Die Reihenfolge ist, wie bereits gesagt, nicht festgelegt. Verfügt die Schule bereits über eine gewisse Binnenstruktur, könnte man an diese anknüpfen und dann einen Kulturwandel wagen, d. h. schulweit eine Feedback-Kultur schaffen. Dann würde Struktur im SW- Quadranten und Kultur im SO-Quadranten platziert.

Wenn die Entwicklungsaktivitäten in dieser Reihenfolge mit einem Pfeil verbunden werden, entsteht ein C-**Fahrplan**. Damit nicht übersehen wird, dass es sich um ein systemisches Ganzes handelt, wird die Gesamtkonfiguration von einer **Ellipse** umfangen (Abb. 5).

UE gehört zu den wichtigsten, aber auch kompliziertesten und harzigsten Aktivitäten einer Schule. CM kann dabei so hilfreich sein wie kaum ein anderer Ansatz – aber nur, wenn es, wie am Beispiel dargelegt, als ganzheitliches CM betrieben wird, das in jeder Schule eine andere Gestalt annimmt.

Eine Visualisierung der Konfiguration der Komponenten des CM in einem ellipsenförmigen Orientierungsraum ist einer linearen Auflistung vorzuziehen, weil sie ganzheitlich angelegt ist und eine Fülle von Querbeziehen sichtbar machen kann, die in einer Liste gar nicht zu erkennen sind.

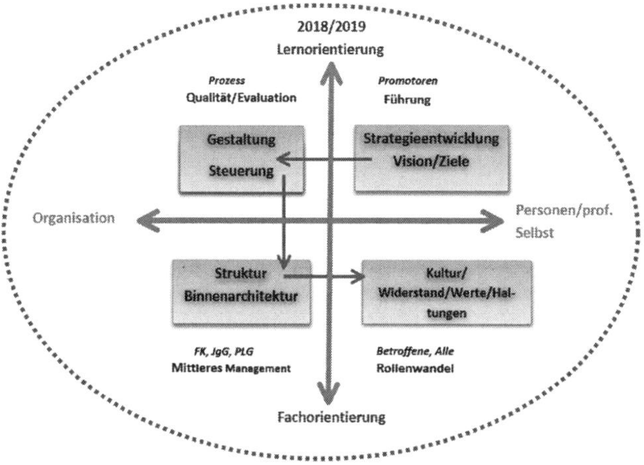

Abbildung 5: C-Fahrplan (Gestaltungselipse)

Schulleiter sind bei der UE als CM sowohl Machtpromotoren als auch Unterstützer, die eine Tragfläche schaffen, auf der Unterricht mit genügend Auftrieb kontinuierlich weiterentwickelt werden kann.

CM über die Jahre: Rollende Planung

Ein Prozess des CM erstreckt sich normalerweise über mehrere Jahre, zumal, wenn er schulweit angelegt ist. Wer den Unterricht nachhaltig verändern will, muss sich auch selbst verändern. Allein deshalb benötigt UE Zeit! Man kann davon ausgehen, dass man für schulweite und nachhaltige UE drei bis fünf Jahre braucht.

Abb. 6 zeigt ein mittelfristiges Zeitschema über die Schuljahre 2018/2019, 2019/2020 und 2020/2021. Im ersten Jahr wird – wie ausgeführt – mit Kooperativem Lernen (KL) gestartet. Dessen Auf- und Ausbau würde sich über alle drei Jahre als Prozess erstrecken.

Im zweiten Jahr würde die Einführung Kooperativen Lernens fortgeführt in den neuen nachgerückten 7. und 11. Jahrgangsgruppen. Dazu sind Auswertungen der Erfahrungen im abgelaufenen Jahr nützlich, weil sie zu Verbesserungen und Korrekturen führen können. Es handelt sich im Grunde um Evaluation, die die Steuergruppe organisiert, aber nicht selber durchführt. Evaluation von Kollegen würde im Kollegium vermutlich als Anmaßung empfunden und mit Skepsis betrachtet werden. Das wäre bei Selbstevaluation durch die Jahrgangsgruppe nicht zu erwarten.

Die Fortsetzung der schulweiten Einführung von KL würde im zweiten Jahr ergänzt durch begleitende Hospitation von Lehrpersonen, die bereits ein Jahr Erfahrung mit KL haben. Im zweiten Jahr läge der strategische Ausgangspunkt beim SO-Quadranten, wenn die Hospitationen in den Fachgruppen stattfinden würden, was auch am Anfang zumindest bei einer Fachgruppe der Fall sein könnte. Gleichzeitig würde es fachübergreifende Hospitationen geben, die weniger konfliktanfällig sind als solche im eigenen Fach.

Im dritten Jahr käme Schülerfeedback hinzu und die Hospitationen würden in weiteren Fachgruppen ausgeweitet. Wenn in den Fachgruppen die Erfahrungen mit Hospitation und dem beginnenden Schüler-Lehrer-Feedback ausgetauscht, ausgewertet und aufeinander bezogen werden, entstünden sozusagen finnische Arbeitseinheiten, die sich zu Professionellen Lerngemeinschaften weiterentwickeln könnten (vgl. Rolff 2017, S. 114ff.). Unterstützung durch die SL, Supervision und Coaching könnten die Beteiligten stärken und die Professionellen Lerngemeinschaften nachhaltig machen. Die SL müsste um die Absicherung bzw. Gestaltung einer schulweiten Vertrauenskultur bemüht sein. Resilienz und Achtsamkeit wären weitere Themen. Mehr Partizipation auch.

Man wäre auf dem Weg zur Lernenden Schule weit vorangekommen.

Auf Seiten der SchülerInnen müsste in diesen drei Jahren eine andere Lernkultur entstanden sein, deren Kennzeichen Schüleraktivierung, Kooperation, Respekt vor Mitschülern und Wertschätzung von anderen sind. Auch mehr Teilhabe gehört dazu.

Eine Planung, die im ersten Jahr konkret und detailliert ist, die nächsten Jahre (weniger konkret) vorplant und im Folgejahr das Vorjahr auswertet und die Ergebnisse nutzt für die Gestaltung des neuen Jahres, die also die Erfahrungen des Vorjahres jeweils für Gestaltung des Folgejahres nutzt, nennt man Rollende Planung (Rolff 1970). In Abb. 6 wird Rollende Planung auf CM bezogen und es ist so etwas wie Rollendes CM entstanden.

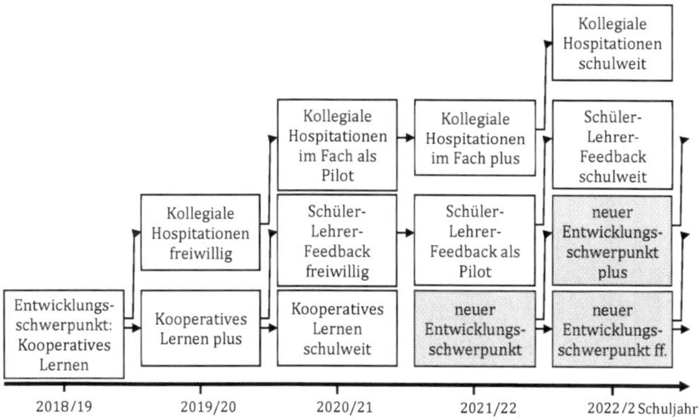

Abbildung 6: Rollendes CM am Beispiel schulweiten Kooperativen Lernens

4.2 Disruptiver Wandel

CM wird überwiegend als kontinuierlicher, zwar mit Widerständen kämpfender, aber ziemlich linearer und planbarer Prozess verstanden. Zunehmend wird in der Management-Literatur (z. B. bei Kaduk/Osmetz/Wüthrich 2017 oder von Mutius 2017) von diesem Verständnis Abstand genommen und anstelle dessen von disruptiven Wandel gesprochen mit der plausiblen Begründung, dass wir in einer Umbruchszeit mit unerwarteten Sprüngen leben.

Disruptiver Wandel setzt disruptives Denken voraus. „Disruptives Denken heißt zunächst: Umbrüche, Brüche, nichtlineare

Entwicklungen denken zu können ... Wir leben in einer Übergangszeit von einer alten in eine neue Welt ... und diese Transformation ist nicht nur eine technologische. Sie ist auch eine soziale und kulturelle und verändert massiv unser ganzes Denken und Verhalten." Übergangszeit heißt: „Manches Alte funktioniert nicht mehr richtig und manches Neue noch nicht richtig." (S. 8) Und weiter:

„Disruptives Denken ist das Denken, das mit den komplexen Anforderungen dieser Zeit mitwächst. Es ist Querdenken ohne Geländer. (Es) ist realistisches Zukunftsdenken, das Störungen nicht ausklammert, sondern miteinbezieht ... Es rechnet mit der Ungewissheit und macht Widersprüche produktiv." (S. 9)

Disruptives Denken und disruptiver Wandel sind keine völlig neuen Konzepte; neu ist allerdings, dass disruptiver Wandel zu dominieren beginnt. Schon vor Jahrzehnten entwickelte Joseph Schumpeter (1942) den Ansatz der „schöpferischen Zerstörung" und Gregory Bateson (1972) das Konzept des „Wandels 2. Ordnung". Beides meint genau wie disruptiver Wandel nicht „mehr desselben", sondern konsequente, teils radikale Umsetzung neuer Muster der Zielverfolgung, Führung, Partizipation und Kooperation. Schratz (2009) spricht in diesem Zusammenhang von Musterwechseln.

Beispiele disruptiven Wandels gibt es im Schulbereich schon zur Genüge – Einführung der Inklusion durch eine zentralistische Schulaufsicht, Verordnung von kompetenzorientiertem Lehren und Lernen oder digitale Unterstützung des Unterrichts. Und es wird in Zukunft noch mehr davon geben.

Von Mutius meint zu Recht, „Widersprüche denken zu können, Gefahren zu erkennen und gleichzeitig Vertrauen zu haben, ist überlebensnotwendig" (S. 11). Aber Methoden zu kennen, die den disruptiven Wandel gestalten und steuern helfen, sind genauso wichtig. CM könnte ein solches Methodenset liefern: gemeinsame Diagnosen aus unterschiedlichen Perspektiven, Strategien mit mehreren Entwicklungsrichtungen, Planung multipler Zukünfte, Rollende Planung, die mittelfristig antizipiert und kurzfristig im Jahres- oder Halbjahresrhythmus auf Unvorhergesehenes reagieren kann und über Feedback und Evaluation eine adaptive Prozesssteuerung ermöglicht. Das liefe auf ein flexibles und adaptives CM hinaus, das sich mit dem Wandel der Gesellschaft ebenfalls wandelt.

Dies lässt sich anhand des hier vorgelegten Konzepts des CM, das den Status eines Prototyps hat, weiter plausibilisieren, wenn man CM als Vorbereitung auf das Unerwartete versteht.

Eine gemeinsame Diagnose hätte auch im Fall des Entwurf eines Planungsansatzes zum disruptiven Wandel vorauszugehen, um schulspezifische Potenziale und Herausforderungen zu identifizieren.

Die Strategie sollte an diese Diagnose anknüpfen, aber mit Visionen beflügelt und mit Zielen gesteuert werden. Die Gesamtstrategie müsste flexibel sein und mit mehreren Varianten „spielen", damit eine gewisse Leichtigkeit entsteht und das Gestalten und Steuern Spaß bereitet.

Gestaltung und Steuerung sind und bleiben Lernprozesse.

Es ist mit Auflösungen der Klassen- und Jahrgangsverbände und der Einführung von Flipped Classrooms und digital unterstütztem Lernen zu rechnen. Die Strukturkomponente sollte deshalb mit Netzwerkorganisationen experimentieren, mit schulinternen und überschulischen Netzwerken.

Die Kultur könnte sich an professionellen Lerngemeinschaften orientieren und individuelles Lernen mit sozialem Lernen verbinden.

Ein Beispiel für Disruptives CM ist eine Schule ohne Klassen und ohne Fächer, das große Ziel ist personalisiertes Lernen (mit digitaler Unterstützung). Zur Prozessgestaltung wird eine Steuergruppe eingesetzt.

Die Steuergruppe konkretisiert im Anschluss das große Ziel und entwirft Ideen zur Realisierung.

Bewährte Beispiele für die (Infra-)Struktur des neuen personalisierten Lernens gibt es bislang kaum, aber vielleicht können Pilotschulen im Internet gefunden und möglicherweise auch besucht werden. Personalisiertes Lernen will ohne Klassenräume und ohne Fächer auskommen.

Es ist offensichtlich, dass ein derartiger Wandel der Lernkultur disruptiv ist und vermutlich bei etlichen Betroffenen viel Widerstand hervorruft. Deshalb ist eine der wichtigsten Aufgaben der vermutlich zahlreichen Beteiligten, Ideen zum Umgang mit Widerständen zu entwerfen.

Dies sind nur kleine Skizzen zur Verdeutlichung großer Aufgaben. Sie machen deutlich, dass veränderte Strukturen und Kulturen veränderte Personen benötigen. Deshalb spannt sich das Diagnose- und Entwurfsfahrplan-Kreuz zwischen Organisation und Person sowie in umgekehrter Richtung zwischen Person und Organisation.

4.3 Menschen können Strukturen verändern und Strukturen verändern Menschen

Change Management ist ein Planungsinstrument und ein Instrument des Design Thinking (Gürtler/Meyer 2011). Dabei sind die Menschen genau wie die Organisation im Blick, worauf die Horizontale des Diagnose-Kreuzes stets hinweist.

In jedem Fall sollte klar sein, dass man mit CM nicht Menschen ändern wollen sollte. Menschen (und deren Verhalten, Haltungen und Werte) sind schon aus funktionalen Gründen nicht mit Supervision und Seminaren und schon gar nicht mit Anordnungen zu ändern. Zudem kommen ethische Bedenken ins Spiel. Wohl aber kann man die Strukturen, in denen Menschen arbeiten, ändern, wozu man allerdings kompetente Verbündete braucht. Diese Strukturen wirken wiederum auf die Menschen zurück und geben ihnen die Chance, sich selber zu ändern. Change Management könnte dabei helfen. Kurz gefasst: Wenn man Verhaltensänderungen ermöglichen will, sollte man Verhältnisse ändern.

5. GELINGENSBEDINGUNGEN

Zahlreiche Studien (z.B. Barber u.a. 2007, Fullan 2010, Holtappels/Klemm/Rolff 2012) identifizieren ein ganzes Bündel von Gelingensbedingungen, die sie nach Kernideen, Elementen erfolgreicher Reformen, innerschulischen Parametern, Anreizen für Lehrer, resoluter Schulleitung und regionaler Vernetzung gruppieren. Die Gelingensbedingungen bilden ein ziemlich komplexes Ensemble. Viele Faktoren, die zum Großteil bekannt sind, spielen dabei eine Rolle. Das Besondere ist allerdings, dass die einzelnen Faktoren bzw. Gelingensbedingungen genauso wie die Zielsysteme kohärent sein und auf einer Linie liegen, also einem ganzheitlichen Gestaltungsformat folgen müssen.

5.1 Ganzheit statt Stückwerk

Zum weithin akzeptierten Ensemble der Gelingensbedingungen gehört, dass es eine kleine Anzahl von nicht mehr als zwei oder drei „Big Ideas" geben muss, also kraftvollen oder starken Zielen, die allen Mitwirkenden an der Schulentwicklung bekannt sein und die von ihnen getragen sein müssen. Am besten ist, sie werden von allen gemeinsam entwickelt. Beispiele dafür sind auch in Deutschland bekannt wie „Kein Kind darf zurückgelassen werden".

Schulentwicklung nimmt ernst, dass die Einzelschule die „Gestaltungseinheit" (Fend 1986) ist und Systementwicklung von der Einzelschule her gedacht und konzipiert werden muss.

Aber nicht die Qualität des Konzepts, sondern die Umsetzung (Implementation) entscheidet, was dabei herauskommt („Implementation dominates the outcome" war schon in den 1970er-Jahren ein zentrales Ergebnis der Schulentwicklungsforschung). Wie eine Strategie der Leseförderung umgesetzt wird, entscheidet in erster Linie die Einzelschule. Und die Entwicklungen der Einzelschulen unterscheiden sich wesentlich voneinander, wie Barber u. a. anhand von Entwicklungsstadien der Schulen und Hallinger/Heck anhand von Entwicklungspfaden („trajectories“) eindrucksvoll belegen. Theresa Röhrich hat solche unterschiedlichen Entwicklungspfade für deutsche Schulen ermittelt (Röhrich 2012).

Fullan (2010) und Barber u.a. (2007) zählen nicht Lösungen 1. Ordnung, die mehr desselben in perfekterer Weise anstreben, zu den wesentlichen Gelingensbedingungen, sondern Lösungen 2. Ordnung, die das System selber wandeln bzw. weiterentwickeln. Systemwandel heißt, die einzelnen Schulen wie das ganze Schulsystem in die Lage zu versetzen, die besten Lösungen ihrer Entwicklungsprobleme oder Entwicklungsabsichten selber zu entdecken und selber umzusetzen. Denn jede Schule ist ein Unikat, weshalb zentrale Lösungen bei Innovationen nicht greifen. Was immer noch schwer zu erklären ist: Schulentwicklung beinhaltet nicht, zentral mit wissenschaftlicher Hilfe entwickelte Programme zu administrieren, sondern Einzelschulen in die Lage zu versetzen (wozu auch die Bereitstellung passender Angebote gehört), es selbst zu machen. Das ist auch der Hauptgrund dafür, dass Schulen selbstständiger und selbstverantwortlicher sein müssen!

Dies ist unabdingbar ist für alle Vorhaben, die Verbesserung der Lernbedingungen für die Schülerinnen und Schüler im Auge zu haben und beharrlich zu prüfen, ob sie den SchülerInnen beim Lernen helfen.

Resolute Führung

Eine besondere Bedeutung bemisst Fullan den Führungskräften zu: Die oberste Führung muss Schulentwicklung genauso wollen wie die mittleren und unteren Führungskräfte und sie müssen dabei auf einer Linie liegen („alignment). Die oberste Ebene ist dabei besonders entscheidend („Bildungsreform ist den Regierenden so lange nicht wichtig, solange es dem Kopf der Regierung nicht wichtig ist“).

Und Führung muss „resolut“ sein, auch auf der Schulebene. Mit diesem etwas ungewöhnlichen, aber einprägsamen Begriff meint Fullan nicht autoritäre Schulleiter. Resolut sein heißt, transparent und konsequent zu handeln: Klare Ziele zu haben, diese beharrlich umzusetzen und zu wissen, dass heute niemand mehr eine Schule allein leiten kann, sondern Leitung im doppelten Sinne geteilt werden muss.

Die übergeordnete Gelingensbedingung ist: Ganzheit statt Stückwerk. Die einzelnen Elemente müssen ein komplettes Menü ergeben, kein aus vielen Einzelteilen bestehendes Büfett, aus dem man sich ein paar Happen herauspickt. Ganzheit, sprich, holistische/systemische Schulentwicklung, ist der Schlüssel.

UE als Beispiel

Beispiele für Stückwerk sind zahlreich. UE ist eines davon: UE ist zu Recht der Fokus von Schulentwicklung. Schon im Modellvorhaben Selbstständige Schule in Nordrhein-Westfalen hat sich gezeigt, dass Methodentraining usw. à la Klippert nicht ausreicht, die Schülerleistungen zu verbessern. Methodentraining ist nötig und nützlich, verkürzt aber die Lernumgebung von Schülerinnen und Schülern auf die technische Dimension. Die Leistungen werden nur besser, wenn die Lerngelegenheiten besser, d. h. umfassend gestaltet und die Haltungs- und Wertdimensionen miteinbezogen werden.

Methodentraining ist als Handwerkszeug unverzichtbar. Aber es müsste verbunden werden mit fachlicher UE wie SINUS, ChiK oder weiteren Fächer. Dasselbe gilt für Lesetraining. Da aber die Lehrer-Schüler-Interaktion die Basis jeglichen Unterrichts ist und der Unterrichtserfolg nicht zuletzt von den Haltungen und Werten der Lehrkräfte abhängt, wäre Unterrichtsentwicklung mit Personalentwicklung zu verbinden. Hier sind Peer- und Fachcoaching von besonderer Bedeutung (vgl. dazu Hirt/Mattern 2014).

In den erfolgreichen Projekten mit merklich verbesserten Schülerleistungen, von denen Fullan und Barber u. a. berichten, wurden ähnlich wie beim Peer- und Fachcoaching besonders fähige Lehrkräfte („Expertteacher“ oder „Masterteacher“) zu Coaches weiterqualifiziert. Pro Schule wurden drei Lehrkräfte gecoacht: Sie waren eine Woche in der Schule, schauten sich den Unterricht des Coachee an, gaben Feedback, praktizierten am folgenden Tag selbst guten Unterricht und planten dann mit dem Coachee gemeinsam den Unterricht für den nächsten Tag, den der Coachee abhielt und der Coach „feedbackte". Die Coaches kamen nach einem halben Jahr zurück zu den Lehrkräften und die nächste Runde begann. Anschließend haben die gecoachten Lehrpersonen in ihren Fach- oder Jahrgangsgruppen kollegiale Hospitation eingeführt und damit ihr Coachingwissen weitergeben. So entstanden Professionelle Lerngemeinschaften, was ohne Mitwirkung von Schulleitern und Fachgruppenvorsitzenden nicht möglich gewesen wäre (Barber et al. 2007).

Inklusion ist eine Reformmaßnahme, die vielerorts angegangen wird. Sie ist bisher zumeist nicht nach einem SE-Konzept umgesetzt, sondern wird traditionell als Steuerung und Anweisung durch die Schulaufsicht zu implementieren versucht. Vielfach kommen in die Klassen ein paar Inklusionsschüler hinzu und vielleicht noch ein oder zwei Förderpädagogen. Inklusion bedeutet jedoch im Grunde Umgang mit mehr Heterogenität und deshalb individuelle Förderung von allen Schülern; sie verlangt nach unterrichtsbezogener SE: Pilotschulen probieren neue Unterrichts- und Erziehungsformen aus, die andere Schulen zu eigenen Aktivitäten anregen. Arbeit mit Kompetenzrastern wäre ein verheißungsvoller Ansatz, individuelle Förderung auf der Grundlage von Lerndiagnostik voranzubringen. Lehrercoaching und kollegiale Hospitation würden einen solchen anspruchsvollen Ansatz der UE unterstützen.

Das Ganze wird nur zustande kommen, wenn sich Schulleitung darum bemüht und die Sprecher der Jahrgangs- und Fachkonferenzen aktiviert, auf dass diese die Konferenzen zu Teams für UE weiterentwickeln. Das würde ebenfalls auf die Etablierung von PLGs hinauslaufen.

Inklusion betrifft im Übrigen nicht eine Schule allein, sondern hat zumindest zu Beginn mit abgebenden und aufnehmenden Schulen zu tun und erfordert eine enge Zusammenarbeit mit Förderzentren, sie läuft also auf horizontale SE hinaus.

UE und Inklusion verlangen also nach ganzheitlicher SE (mit Fokus auf Schülerlernen). Stückwerk bedeutet demgegenüber Verschwendung von Energien und Synergien, von Geld und Humanressourcen, wie es etwas technisch in der PE heißt.

5.2 Distraktoren vermeiden

Problematischer noch als Stückwerk sind Distraktoren. So bezeichnet Fullan (2010) die Ablenker oder Zerstreuer von Schulentwicklung. Sogenannte **Highstake Tests** sind für ihn Distraktoren, also Tests, deren Ergebnisse in die Zensuren und in Abschlussprüfungen einfließen. So etwas gibt es in den deutschsprachigen Ländern (bisher?) noch nicht. Ein weiteres Beispiel für Distraktoren sind **Schulrankings**. Diese wirken im Sinne von eindimensionalen Ranglisten in mindestens vier Dimensionen als Distraktoren:

(i) Die Veröffentlichung der Leistungstestergebnisse von Einzelschulen könnte eine Mogelpraxis zur Folge haben, die in Deutschland hier und da beobachtet und in den USA bereits erforscht wurde: Schwachen Schülern wird bedeutet, am Testtag zu Haus zu bleiben, oder Lehrer helfen ihnen beim Lösen der Aufgaben (vgl. Nichols and Berliner 2007). Besonders problematisch ist in Deutschland die Möglichkeit, schlechte Schüler von höheren Schulen „abzuschulen", was den Rangplatz verbessern würde.

(ii) Rankings vergrößern die Ungleichheit, wenn schlechte Schulen stigmatisiert werden und sich Eltern von ihnen abwenden. Das gilt erst recht, wenn die Grundschuleinzugsbezirke aufgehoben werden, wie das in Nordrhein-Westfalen geschah. Das wird mit großer Wahrscheinlichkeit nicht nur die Unterschiede zwischen den Schulen vergrößern, sondern auch zu einer weiteren sozialen Entmischung führen.

(iii) An Rankings orientieren sich überwiegend Eltern, die sich gut im Schulbereich auskennen. Sie helfen also wenigen. Fast hat man den Eindruck, dass sich für Rankings hauptsächlich Journalisten interessieren, die damit Schlagzeilen produzieren können.

(iv) Rankings sind nicht geeignet, die Schülerleistungen zu erhöhen. Jedenfalls ist mir keine Studie bekannt, die schlüssig belegen könnte, dass Schulen oder Schüler besser geworden sind, nur weil ein Ranking eingeführt wurde.

Rezepte sind meistens auch Distraktoren. Damit sind häufig wirkungslos verpuffende Einzelmaßnahmen gemeint, international „quick fixes“ genannt. Sie sind selten nachhaltig und führen oft zu Frustrationen, weil auch wiederholter Einsatz keine Besserung bringt.

5.3 Königsweg: Professionelle Lerngemeinschaften

Anstelle von Rezepten setzt SE auf Konzepte, die es den Lehrpersonen ermöglichen, nachhaltige und wirksame SE in die eigenen Hände zu nehmen. Professionelle Lerngemeinschaften (PLG) sind eine zentrale Komponente von SE, in der sich alle bisher genannten Gelingensbedingungen zu einem Königsweg bündeln. Die Ausformung kann mannigfaltig sein: Klassen- und Jahrgangsteams, Fachteams, Projektteams und Schulleitungsteams sind die wichtigsten, aber nicht die einzig denkbaren Teams, die sich zu PLGs weiterentwickeln können.

Entscheidend ist allerdings, wie die Teams arbeiten. Nicht alle Gruppen sind Teams und nicht alle Teams sind strikt auf Schülerlernen bezogen. Am wirksamsten sind Professionelle Lerngemeinschaften. Wenn man die einschlägigen Forschungsergebnisse systematisiert, gelangt man zu folgenden fünf Merkmalen von PLGs:

1. Gemeinsam vereinbarte Ziele
2. Fokus auf Schülerlernen
3. Deprivatisierung der Lehrerrolle (LehrerInnen sehen ihre Klasse und ihren Unterricht nicht als ihr Eigentum an, sondern als Angelegenheit des ganzen Jahrgangs oder der ganzen Fachgruppe)
4. Zusammenarbeit/Kooperation
5. Reflektierender Dialog (zielorientiert und datengestützt)

Hinzu müssen gemeinsame Werte kommen wie Hilfekultur und Fehlertoleranz. Ohne gemeinsame Werte handelt es sich um Lerngruppen. Lern**gemeinschaften** setzen solche oder ähnliche gemeinsame Werte voraus.

Besonders produktiv sind die Lerngemeinschaften, wenn sie kooperative Unterrichtsentwicklung betreiben (ausführlich zu PLGs siehe Rolff 2016, S. 114 ff).

5.4 Leitideen für Schulentwicklung

Man kann das bisher Dargelegte zu 15 Leitideen zusammenfassen, die als Gelingenshinweise für SE zu verstehen sind (Abb. 7).

L 1: Von der **Einzelschule** her denken: Die Schule ist der Motor (Dalin).

L 2: Wandel kann **nicht angeordnet**, sondern nur ermöglicht werden.

L 3: **Druck** und **Zug** sind der Treibstoff (Miles).

L 4: **Veränderung** ist eine **Reise** (Fullan) und kein Marschplan.

L 5: **Probleme** und Konflikte sind auch **Chancen**.

L 6: **Die Schulleitung** stärken, ohne das Kollegium zu schwächen.

L 7: Die **Lehrkräfte** sind nicht das Problem der SE, sie sind die **einzige Chance**.

L 8: Es geht nicht nur um Konzepte und Methoden, sondern genauso um **Verhalten, Haltungen** und **Werte.**

L 9: Weiterentwicklung ist immer auch **Störung**, weil Alltagsroutinen berührt werden.

L 10: Auch **gute Schulen** müssen weiterentwickelt werden.

L 11: **Team**strukturen aufzubauen ist ein, wenn nicht der **Königsweg**.

L 12: Reziprokes **Feedback** muss Bestandteil der Arbeitskultur werden.

L 13: Ohne **Ziele** keine Evaluation und keine Erfolgsfeststellung.

L 14: Wer keine Ziele hat, kann auch keine **Wege** finden (Brägger).

L 15: Alles hängt mit allem zusammen – **Wirkung** entsteht vor allem aus **Zusammen-Wirken.**

Abbildung 7: 15 Leitideen zur Schulentwicklung

Auf der Suche nach Theorien

6. ZUR DIALEKTIK DER SCHULENTWICKLUNG

Theorien zur SE sind selten und nicht sehr elaboriert. Deshalb ist ein Theoriedefizit festzustellen. Das kann im Rahmen einer kurzen Monografie nicht behoben werden. Dennoch einige Hinweise hierzu an dieser Stelle:

Schulentwicklung verlief und verläuft in nicht-linearer Weise und birgt in sich etliche Widersprüche, wobei diese sich in einer Einheit bewegen. SE ist also als dialektisch zu begreifen. Das hier zugrunde liegende Verständnis von Dialektik orientiert sich am Überblicksband „Dialektisch denken" von Richard Sorg (2018) und dem sozialphilosophischen Klassiker von Horkheimer/Adorno „Dialektik der Aufklärung" (zuerst 1947). Grob skizziert konstituiert sich Dialektik aus dem Widerspruch zwischen These und Antithese, die in einer Synthese „aufgehoben" werden. Dieses Aufheben ist nur möglich bei Widersprüchen, die sich in einer Einheit, sprich, Gemeinsamkeit bewegen. Entwicklung entsteht durch Negation der Antithese/Negation. Soziologische Dialektik geht zudem davon aus, dass es zwischen den beiden Seiten eines Widerspruchs einen Kausalzusammenhang gibt. Damit sind hohe Ansprüche an dialektische Analyseformate gestellt: Nicht jede Ambivalenz oder Ambiguität ist ein Widerspruch und nicht jeder Widerspruch ist ein dialektischer. Und aus der Fülle der widersprüchlichen Denk-, Arbeits- und Lebensverhältnisse ist ein Hauptwiderspruch der entscheidende, der die SE weiterzutreiben vermag. Den Hauptwiderspruch zu identifizieren, ist eine schwierige Aufgabe, die noch nicht gelöst ist. Deshalb werden hier einige Widersprüche versuchsweise genannt (Abb. 8), die als dialektische infrage kommen, und die Frage nach dem Hauptwiderspruch, also dem „Bewegungsgesetz“ der SE, wird einstweilen vertagt. Ein ähnliches Verständnis von dialektischer SE haben wir übrigens bereits 1978 vertreten (Bauer/Rolff 1978).

Es gibt Autoren, z. B. Postman und Weingartner (1969), die halten Unterrichten und SE für eine „subversive Aktivität“. Diese Einschätzung trifft gewiss einen neuralgischen Punkt der SE. Die SE wird von Anfang an von etlichen Kultusbeamten und Politikern aus Überzeugung, aber auch aus machtbedrohenden Gründen nicht akzeptiert oder gar bekämpft. Deshalb ist die nötige Gestaltungsautonomie von Einzelschulen und Netzwerken durch subversives, vielleicht auch nur taktisches Verhalten immer wieder neu zu schaffen. Subversivität ist im Übrigen auch in umgekehrter Weise bei den Personen und Organisationen zu beobachten, die Schulentwicklung öffentlich propagieren, aber gleichzeitig unter der Hand behindern.

Subversivität ist offenbar ein plausibler und reizvoller Begriff, aber analytisch wenig ergiebig. Ganz anders sieht das beim dialektischen Denken aus, das theoretisch fundiert und methodisch vielfältig angelegt ist und Phänomene wie Subversivität ohne Umstände mitbehandeln kann.

Deshalb lohnt es, die weitere Theorieentwicklung und Praxis der SE als dialektisch zu verstehen und in diesem Sinne auszuarbeiten. Viel ist noch nicht getan. Aber etliche Widersprüche sind in den letzten Jahren einigermaßen evident geworden.

6.1 Widersprüche der Schulentwicklung

Vorläufig mag es genügen, einige erkennbare Widersprüche und deren einheitsstiftende Kategorien aufzulisten. Das ist in Abb. 8 geschehen:

Von diesen konflikthaften Widersprüchen ist anzunehmen, dass sie die Treiber der SE sind und ihr die Richtung zeigen sowie die Widerstands- und Konfliktlinien.

Erfahrungen und Forschung werden zeigen müssen, unter welchen Bedingungen die Einheit der Widersprüche als Treiben von Schulentwicklung genutzt werden können. Insgesamt geht

These	Antithese	Einheit des Widerspruchs
Singularität	Universalität	Vergesellschaftung
Personenbezogenheit	Organisations-bezogenheit	Ganzheit
Individuelle Autonomie	Korporative Autonomie	Selbstorganisation
Spontanität	Planung	Gestaltung
Förderung	Auslese	Qualifizierung
Selbstbestimmung	Fremdbestimmung	Relative Autonomie
Ermöglichung	Führung	Steuerung

Abbildung 8: Entwicklungsleitende Widersprüche der Schulentwicklung

es darum, die Einheit der Widersprüche herauszuarbeiten und weiterzutreiben. Die Analysekategorie „Einheit des Widerspruchs" passt im Übrigen fugenlos zum Ansatz der Ganzheit.

6.2 Schulentwicklung als ganzheitliche Gestaltung von Ermöglichungsstrukturen

Was also entwickelt nun Schulen wirklich weiter? In Deutschland ist nach dem „PISA- Schock" viel geschehen, auch Beachtliches. Es existieren allein für die Unterrichtsentwicklung mehr als 20 praktizierte Konzepte (Rolff 2015). Aber es dominieren Einzelmaßnahmen und viele davon erhöhen bloß den Druck auf Schulen und SchülerInnen, denn dies ist verhältnismäßig kostengünstig und deshalb wohl auch so populär bei Ministerien und in der Öffentlichkeit, wirkt sich aber nicht oder kaum auf Schülerleistungen aus.

Wirkungsvoller als Druck sind Opportunitätsstrukturen.

Opportunitätsstrukturen sind Ermöglichungsstrukturen. Vor allem Rolf Arnold hat über zahlreiche Ideen und Werkzeuge zu Ermöglichungsstrukturen publiziert (Arnold 2015). Er vertritt den Ansatz, der für SE insgesamt charakteristisch ist: Führen, ohne zu dominieren; Lerngelegenheiten zu schaffen, ohne zu belehren, und fördern, ohne zu selektieren.

Die Fähigkeit zur Selbstentwicklung wird häufig mit der Formel der Lernenden Schule ausgedrückt; von Lernenden Ministerien hört man übrigens so gut wie gar nichts.

Fullan/Quinn nennen diese Fähigkeit „capacity building" (Fullan/Quinn 2016, S. 56ff.) und belegen anhand konkreter Beispiele, dass der Königsweg zur wirksamen Schulentwicklung im Aufbau dieser Kapazitäten zum Wandel in Schulen und Behörden liegt.

Statt Schulen mittels Anweisungen zu steuern, schlägt Fullan vor, den Schulen zu helfen, eine Kapazität für Wandel, eine „Capacity for Chance" (Fullan), aufzubauen.

6.3 Rolle der Schulleitungen

Erfahrungen vor allem mit Preisträgerschulen zeigen, dass folgende Elemente dazugehören, wieder als Menü und nicht als Büfett konzipiert:

- Erweiterte Schulleitung einrichten
- Klare, aber wenige Ziele vereinbaren
- Den Fokus der Aufmerksamkeit auf das Lernen richten
- Mit einer Steuergruppe arbeiten, die SE schulweit organisiert
- Reziproke Feedbackkultur schaffen
- Teams einrichten
- Schulprogramm mit Leitbild und Jahresplanung etablieren
- Reflexionsschleifen ermöglichen
- Kooperative Arbeitsformen installieren
- Professionelle Lerngemeinschaften einrichten
- Ein Klima von Wertschätzung und Resonanz pflegen (H. Rosa)
- Prozessevaluation einbeziehen
- Interne Evaluation/Audit durchführen
- SE-orientierte Fortbildungsplanung generieren

Abbildung 9: Elemente einer Kapazität für Wandel

Kapazität für Wandel ist die genuine Basis der Ermöglichungsstruktur von anderem Unterricht und von Personalentwicklung. Sie ist kein Selbstläufer. Eine, wenn nicht die Kernaufgabe der Schulleitung besteht darin, so etwas zu initiieren, organisieren und nachhaltig zu machen. (Zur Rolle der SL s. ausführlich: Rolff, Schulleitung auf den Punkt gebracht).

Wissensmanagement gehört auch zur Rolle der SL. Aber das beste Wissen über bessere Schule oder besseren Unterricht weiterzugeben (Wissenstransfer), ist nicht der Königsweg erfolgreicher SE; denn Ganzheit kann man nicht einfach weitergeben und Schulen entscheiden zum Großteil selbst, was sie mit dem Wissen machen, das sie manchmal auch gar nicht verstehen (jedenfalls nicht so, wie es die Wissensmanager meinen). Wirksamer ist ein anderer Weg, der in die Fläche führt, nämlich der Aufbau von Kapazitäten für Wandel in den Einzelschulen selbst und in Bildungslandschaften.

Zudem gibt es keine 1:1-Implementation. Daran zu glauben, hieße, der sog. Steuerungsillusion zu verfallen. Schulen können und sollten auch Eigenes gestalten oder etwas „nach-erfinden", das von außen angeregt und angestoßen, ihnen aber nicht aufgezwungen werden kann. Reformen verändern Schulen, aber Schulen verändern auch Reformen. Politik und Behörden können und müssen Schulen helfen, sich in dieser Hinsicht weiterzuentwickeln:

- durch Unterstützung
- durch Anreize und auch
- durch Vorgaben,

damit die „Richtung stimmt" und Gleichheit der Schulverhältnisse zustande kommt.

Schulstrukturfragen im Sinne von Gliederung nach Schulformen können ohnehin nur zentral entscheiden werden.

Und den Fokus auf einzelne Lehrpersonen zu richten, wie es der anfangs zitierte E-Mail-Schreiber vorschlägt, wäre nicht verkehrt, aber auch keine Schulentwicklung, sondern Coaching oder Hospitation oder Therapie. Kapazität für Wandel wird damit nicht aufgebaut. Die Frage ist, ob äußerer Wandel ohne inneren überhaupt möglich ist. Es aber nur mit Blick auf Einzelpersonen zu versuchen, führt schnell zu wirkungslos verpuffenden Einzelmaßnahmen. Was bringt es, einem einzelnen Bettler Almosen zu geben? Man sollte sich besser für einen Ausbau des Qualifizierungs- und Beschäftigungssystems engagieren.

Das komplizierte Ensemble von Gelingensbedingungen zum Schluss lässt sich auf drei Punkte zuspitzen. Benötigt werden:

1. Ein bis drei starke Ziele, die politisch gewollt sind und von allen mitgetragen werden
2. Umfassende ganzheitliche Kooperation auf und mit allen Ebenen
3. Mehr Unterstützung, sogar viel mehr Unterstützung.

Auch wenn einzelne Schulen manchmal auf subversiver Weise die SE weit voranbringen, wird Ganzheitliche Schulentwicklung (GSE) in der Breite letztendlich nur gelingen, wenn sich die **politische Spitze**, also MinisterInnen und OberbürgermeisterInnen bzw. Landräte, die Sache voll und ganz zu eigen machen!

7. SCHULENTWICKLUNG AUF DEN PUNKT GEBRACHT: ZWEI PARABELN

Vielleicht können die folgenden zwei Parabeln hilfreich sein, das äußerst vielfältige Thema Schulentwicklung auf den Punkt zu bringen:

Parabel: Ein Fisch ist zu wenig
Ein armer Mann war fast am Verhungern. Da schenkte ihm ein reicher Mann einen Fisch. Der reichte für einen Tag. Am nächsten Tag hatte der arme Mann erneut Hunger. Da kam ein weiser Mann und schenkte ihm eine Angel. Die reichte dem armen Mann fürs ganze Leben.

Parabel: Der Mann mit der Axt
Es war einmal ein Holzfäller, der bei einer Holzgesellschaft um Arbeit vorsprach. Das Gehalt war in Ordnung, die Arbeitsbedingungen verlockend, also wollte der Holzfäller einen guten Eindruck hinterlassen. Am ersten Tag meldete er sich beim Vorarbeiter, der ihm eine Axt gab und ihm einen bestimmten Bereich im Wald zuwies.

Begeistert machte sich der Holzfäller an die Arbeit. An einem einzigen Tag fällte er 18 Bäume. „Herzlichen Glückwunsch“, sagte der Vorarbeiter. „Weiter so“.

Angestachelt von den Worten des Vorarbeiters, beschloss der Holzfäller, am nächsten Tag das Ergebnis seiner Arbeit noch zu übertreffen. Also legte er sich in dieser Nacht früh ins Bett. Am nächsten Morgen stand er vor allen anderen auf und ging in den Wald. Trotz aller Anstrengung gelang es ihm aber nicht, mehr als 15 Bäume zu fällen. „Ich muss müde sein“, dachte er. Und beschloss, an diesem Tag gleich nach dem Sonnenuntergang schlafen zu gehen.

Im Morgengrauen erwachte er mit dem Entschluss, heute seine Marke von 18 Bäumen zu übertreffen. Er schaffte nicht einmal die Hälfte. Am nächsten Tag waren es nur sieben Bäume und am übernächsten fünf, seinen letzten Tag verbrachte er fast vollständig damit, einen zweiten Baum zu fällen.

In Sorge darüber, was wohl der Vorarbeiter dazu sagen würde, trat der Holzfäller vor ihn hin, erzählte, was passiert war, und schwor Stein und Bein, dass er geschuftet hatte bis zum Umfallen.

Der Vorarbeiter fragte ihn: „Wann hast du denn deine Axt zum letzten Mal geschärft?" „Die Axt schärfen? Dazu hatte ich keine Zeit, ich war zu sehr beschäftigt, Bäume zu fällen."

(Aus: „Komm ich erzähl die eine Geschichte" von Jorge Bucay)

Auf den Punkt gebracht:

SE ist wie die Axt schärfen (obwohl das zu martialisch klingt) oder mit einer Angel ein Leben lang Fische fangen.

SE bedient sich angemessener, z. T. auch komplexer und ganzheitlicher Konzepte statt einfacher, auf Einzelpersonen und Einzelmaßnahmen bezogener Rezepte.

SE will nicht belehren und nicht Personen ändern, sondern Möglichkeiten schaffen. Erfolg ist nicht (nur), wenn man hundertprozentig Ziele erreicht, sondern wenn man dazulernt.

LITERATURNACHWEISE

Die fettgedruckten Literaturhinweise markieren die Standardliteratur.

Altrichter, H./Schley, W./Schratz, M. (Hg.): Handbuch zur Schulentwicklung. Innsbruck 1998

Arnold, R.: Ermöglichungsdidaktik. In: Rolff, H. G. a.a.O. 2015

Arnold, R./Prescher, T. (Hg.): Schulentwicklung systemisch gestalten. Köln 2014

Barber, M./Chijioke, Ch./Mourshed, M.: How the world's most improved school systems keep getting better. 2007 http://www.learningteacher.eu/sites/learningteacher.eu/files/how-the-worlds-most-improved-school-systems-keep-getting-better_download-version_final.pdf

Baumgartner, I. u.a.: OE-Prozesse. Bern 1988

Bauer, K.O./Rolff, H.-G.: Vorarbeiten zu einer Theorie der Schulentwicklung. In: Dies. (Hg.): Innovation und Schulentwicklung. Weinheim 1978

Berkemeyer, N.: Die Steuerung des Schulsystems. Wiesbaden 2009

Berkemeyer, N. u.a. (Hg): Netzwerkbasierte Unterrichtsentwicklung. Münster 2015

Berkemeyer, N./Hermstein, B.: Schulentwicklung(-sforschung) – Quo vadis? In: Drossel, K./Eickelmann, B.(Hg.): Does „What work's work? Münster 2018

Bernfeld, S.: Sisyphos oder die Grenzen der Erziehung. Frankfurt/M. 2000 (zuerst 1925)

Bildungskommission NRW: Zukunft der Bildung – Schule der Zukunft. Neuwied 1995

Bohl, Th./Schelle, C./Helsper, W./Holtappels, H. G. (Hg.):Handbuch Schulentwicklung. Bad Heilbrunn 2010

Bonsen, M. Bos, W./Rolff, H.-G.: Zur Fusion von Schuleffektivitäts- und Schulentwicklungsforschung. In: Bos, W. u.a. (Hg.): Jahrbuch der Schulentwicklung. Bd. 14. Weinheim 2008

Brühlmann, J./Rolff, H. G.: Horizontale Schulentwicklung Journal Schulentwicklung. 22 (2015)1

Bryk, A.S. et al.: Organizing Schools for Improvement. Chicago 2010

Buchen, H./Horster, L./Rolff, H.-G. (Hg.): Schulleitung und Schulentwicklung. Berlin/Stuttgart 1995 ff.

Buchmann, F.: Schulentwicklung verstehen. Münster 2009

Buchen, H./Rolff, H. G. (Hg.): Professionswissen Schulleitung. Weinheim 2016 (zuerst 2004)

Buhren, C.G./Rolff, H.-G.: Personalmanagement für die Schule. Weinheim 2009

Dalin, P./Rolff, H.-G. (unter Mitarbeit von Herbert Buchen): Institutionelles Schulentwicklungs-Programm. Soest 1990

Dalin, P./Rolff, H. G.: Changing the School Culture. London 1993
Derr, C. B.: „OD" won't work in schools. In: Education and Urban Society. 8 (1976)2
Domke, B.: Erstmal vergleichen. In: Harvard Business Manager. Juni 2018
Fend, H.: Gute Schulen – schlechte Schulen. Die einzelne Schule als pädagogische Handlungseinheit. In: Die Deutsche Schule 78 (1986)3
Fischer, S.: Schulentwicklung. Bern u. a. 2016
French, W.L./Bell, C.H.: Organisationsentwicklung. Stuttgart 1977
Fullan, M.: All Systems Go. The Change Imperative for Whole System Reform. London 2010
Fullan, M.: Change Forces. London 2012
Fullan, M./Quinn, J.: Coherence. London 2016
Gather Thurler, M.: Innover au coeur de l établissemant scolaire. Paris 2000
Gürtler, J./Meyer, J.: Design Thinking. Offenbach 2017 (zuerst 2013)
Hallinger, Ph./Heck, R. H.: Exploring the Journey of School Improvement. In: School Effectiveness und School Improvement. 22 (2011) 1
Hargreaves, D./Lieberman, A./Fullan, M./Hopkins, David (Hg.): Second International Handbook of Educational Change. Heidelberg 2010
Holtappels, H. G. (Hg.): Entwicklung und Qualität des Schulsystems. Münster 2011
Hirt, U./Mattern, K. (Hg.): Coaching im Fachunterricht. Weinheim 2014
Holtappels, H. G./Klemm, K./Rolff, H.-G. (Hg.): Schulentwicklung durch Gestaltungsautonomie. Ergebnisse der Begleitforschung zum Modellvorhaben ‚Selbstständige Schule' in Nordrhein-Westfalen. Münster 2008
Horkheimer, M./Adorno, Th. W.: Dialektik der Aufklärung. Frankfurt/M. 2016 (zuerst 1947)
Huber, St./Hader-Popp, S./Schneider, S.: Qualität und Entwicklung von Schule. Basiswissen Schulmanagement. Weinheim 2014
Kaduk, St./Osmetz, D./Wüthrich, H. A.: Musterbrecher X. Hamburg 2017
Kaplan, R.S./Norton, D.P.: Alignment. Mit der Balanced Scorecard Synergien schaffen. Stuttgart 2006
König, E./Volmer, G.: Handbuch Systemische Organisationsberatung. Weinheim 1993
Meyer, H.: Unterrichtsentwicklung. Berlin 2015
Mutius, B. von: Disruptive Thinking. Offenbach 2017
Nichols, S. L./Berliner, D. C.: Collateral Damage. Cambridge 2007
Philipp, E./Rolff, H.-G.: Leitbilder und Schulprogramme entwickeln. Weinheim 1998
Postman, N./Weingartner, Ch.: Teaching as a Subversive Activity. New York 1969
Röhrich, Th.: Wege der Schulentwicklung. Bad Heilbrunn 2012
Rahm, S.: Einführung in die Theorie der Schulentwicklung. Weinheim 2005
Rolff, H. G.: Bildungsplanung als rollende Reform. Frankfurt 1970
Rolff, H. G.: Schulreform als geplanter organisatorischer Wandel. In: Die Deutsche Schule 73 (1977) 6
Rolff, H. G. (1980). *Soziologie der Schulreform*. Weinheim: Beltz.
Rolff, H. G.: Wandel durch Selbstorganisation. Weinheim/München 1993
Rolff, H. G.: Entwicklung von Einzelschulen. In: Ders. u. a.(Hg.): Jahrbuch der Schulentwicklung. Bd. 10. Weinheim 1998
Rolff, H. G.: Studien zur Theorie der Schulentwicklung. Weinheim 2007
Rolff, H. G. (Hg.): Handbuch Unterrichtsentwicklung. Weinheim/Basel 2015
Rolff, H. G.: Schulentwicklung konkret. Weinheim/Basel 2014
Rolff, H. G.: Wandel durch Schulentwicklung. Weinheim 2019

Rolff, H. G./Tillmann, K.: Schulentwicklungsforschung – Theoretischer Rahmen und Forschungsperspektive. In: Rolff, H. G. u. a. (Hg.): Jahrbuch der Schulentwicklung. Weinheim 1980

Rolff, H. G. u. a.: Manual Schulentwicklung. Weinheim 1999

Rosa, H./Buhren, C.G./Endres,W.:Resonanzpädagogik & Schulleitung. Weinheim 2018

Rüegg-Stürm, J./Grand, S.: Das St. Galler Management-Modell. Bern 2017

Schratz, M.: Alte Master, neue Lebenswelten. In: Lernende Schule. 12 (2009) 46/47

Schratz, M./Pant, H.A./Wischer, B. (Hg.): Was für Schulen. Seelze 2015

Schmuck, R. et al.: The Handbook of Organizational Development in Schools. Palo Alto 1972

Senge, P.: Die fünfte Disziplin. Stuttgart 1996

Sorge, R.: Dialektisch denken. Köln 2018

Streeten, P.: Programme und Prognosen. In: Myrdal, G.: Das Wertproblem in den Sozialwissenschaften. Hannover 1965

ZUM AUTOR

Prof. Dr. Hans-Günter Rolff, geb. 1939, ist emeritierter Professor am Institut für Schulentwicklungsforschung der TU Dortmund. (Rollende) Schulreform und Organisationsentwicklung waren schon Thema in seiner Dissertation (1969). Rolff wurde theoretischer und praktizierender Schulentwickler durch etliche internationale Seminare von Per Dalin, an denen auch Richard Schmuck teilnahm, der das erste Handbook of Organisational Development in Schools (1972) herausgegeben hatte.

Zusammen mit Per Dalin führte Rolff im Jahr 1987 die Steuergruppen in den deutschsprachigen Ländern ein. Rolff hat im Jahr 2000 den ersten schulentwicklungsorientierten Schulpreis initiiert und organisiert und zwar für das Land NRW.

Er hat zahlreiche Einzelschulen bei der SE begleitet, eine davon sechs Jahre lang, und drei gewannen den Deutschen Schulpreis, zwei davon den Hauptpreis. Rolff war Mitglied mehrerer Bildungsräte und Vorsitzender der Dortmunder Bildungskommission. Zudem hat er bundesweit und international Schulentwicklungsbegleiterlnnen ausgebildet. Rolff beriet auch einige Behörden bei der Schulreform. Rolff war selbst Leiter der Unterabteilung Planung der Berliner Schulbehörde.

AUF DEN PUNKT GEBRACHT

Georg Lind
MORALERZIEHUNG
auf den Punkt gebracht
ISBN 978-3-95414-088-6 (Buch)
E-Book:
ISBN 978-3-95414-089-3 (PDF)

Hans-Günter Rolff
SCHULLEITUNG
auf den Punkt gebracht
ISBN 978-3-95414-073-2 (Buch)
E-Book:
ISBN 978-3-95414-074-9 (PDF)

Elmar Philipp
LEITBILDENTWICKLUNG
auf den Punkt gebracht
ISBN 978-3-95414-096-1 (Buch)
E-Book: ISBN
978-3-95414-097-8 (PDF)

Dieter Vaupel
WOCHENPLAN
auf den Punkt gebracht
ISBN 978-3-95414-112-8 (Buch)
E-Book:
ISBN 978-3-95414-113-5 (PDF)

Gerhard Regenthal
ÖFFENTLICHKEITSARBEIT
FÜR SCHULEN
auf den Punkt gebracht
ISBN 978-3-95414-120-3 (Buch)
E-Book:
ISBN 978-3-95414-121-0 (PDF)

Kurt Edler
DEMOKRATISCHE RESILIENZ
auf den Punkt gebracht
ISBN 978-3-95414-079-4 (Buch)
E-Book:
ISBN 978-3-95414-080-0 (PDF)

- Alle Titel kosten € 9,80
- Mit der Bestellung zur Fortsetzung erhalten Sie die Titel mit einem Rabatt von 20% für € 7,80.

debus PÄDAGOGIK

Eschborner Ldstr. 42-50, 60489 Frankfurt/M.
Tel.: 07154/1327-30, Fax: 07154/1327-31
wochenschau@brocom.de
www.debus-paedagogik.de